JN114660

事業承継マネジメント事件帳

実録編

一般社団法人自社株マネジメント代表理事
司法書士
和出吉央　著

税理士法人Miznale 代表社員
深沢敬二　監修

敬天舎出版

目次

ケース❶ 最後の力

ケース❷ 相続税は残酷な圧力

ケース❸ 養子社長の悲劇

ケース❹ 未来と承継のゆくえ

事業承継マネジメント事件帳

実録編

ケース❶ 最後の力

事業承継の困窮者

仕事を始めて数年、妙な力がついてきた。

セミナーに来てくれた中小企業の経営者の中から〈今後、仕事で深く関わることになる人物〉を見分けられるようになったのだ。

もちろん、言葉をかわす前に、である。オーラが見えるなどというとなにか特別な超能力がそなわっているみたいだが、そんな超自然のものではない。

眼、だろうか。いや、表情なのかもしれない。とはいえ、私はメンタリストやプロファイラーではないから、そういう機微を読み取っていると言ってしまうと、おこがましい気もする。

よくスポーツなどの真剣勝負のテレビ中継で「本気度が現れている」などと表現するが、そんなようなものかもしれない。

とにかく、特に変わった見かけというわけではないのに、他の人々とは違う雰囲気を漂わせていて、私の目には際立って映ってしまう。

言葉で説明するとくどくなるが、つまり、そういう近い未来の依頼人は、

①経営する会社の事業承継について深い悩みを抱えており（そもそも私のセミナーや勉強会に参加する人々は、大なり小なり不安があり、解決策を探して来るのだが）、

②しかも状況が切迫していて、

③他の方法を探ったけれども満足する結果が得られず、いまは相当追い込まれている。

のだろうな、そして、私たちが最後の頼みの綱になれるはずだな、と察しがついてしまうのだ。

実を言えば、セミナー参加者の多くは、顧客にならない。

実績によると、知り合いからの紹介とセミナー参加者とを比べて、実際の仕事につながる割合は七対三くらいだ。直接的な顧客獲得は決して多くはない。

セミナー終了後に質問を投げかけたり、懇親会で自社について打ち明け話をする経営者

でも、なかなかビジネスには発展しない。

なのに、時折、数が少ないとはいえ、そういった〈なにか〉を感じる相手は、不思議と次への展開がある。

すごくないか？　とスタッフに自慢するものの、残念ながら誰もほめてはくれない。

「また超能力があるぞって話ですか。ツッコミするのも飽きてきました」

現在の会社をともに立ちあげたパートナー春日井健也などは、あきれ顔で苦笑する。

＊＊＊

その依頼人は、名古屋で開いたセミナーに参加していた。

私が以前の会社にいた頃の話だから、十年以上前のことになる。

当時から事業承継のトラブルについての啓蒙活動は盛んに行なっていて、愛知県の近隣だけでなく、京都や大阪など関西地方、あるいは東京方面でも、機会をつくり、さまざまな経営者やその後継者などに話を聞いてもらっていた。

セミナーでは、毎回アンケートを取らせてもらう。

話した内容が十分に興味深いものであったか、取り扱ってほしいテーマがあるか、などについて意見を聞く。経営者として現在直面している事業承継の問題について、我々への相談を希望するならば、その旨を書き込んでもらう欄もある。

川田太郎と名乗ったその男性は、アンケートを回収して後日こちらからコンタクトをとる、というプロセスが待ち切れなかったのだろう、セミナー終了後、直接、私に話しかけてきた。

「福井県で会社を経営している者です。もしよろしければ、当社へおいでいただいて、じっくりご相談にのっていただけないでしょうか」

その時の姿をはっきりとおぼえている。

スーツをきっちりと着こなした、物腰の柔らかな、そしてかなり痩せた、老齢期にさしかかった感じの容貌。

六十代、ひょっとすると七十歳に手が届いているかもしれない、とボンヤリ思ったものだ。もっとも、セミナー参加者の多く――事業承継に不安を抱いている経営者――がそういった年齢層なのではあるが。

そして、わかったのだ。〈自分はこの人に仕事を頼まれる〉と。

とはいえ、もちろん確認はしておかなければならない。

「ご相談の内容は、事業承継に関してで間違いはないですね」

「ええ。そうなんです」

であれば、――もちろん、日本中どこへだろうと出かけていくことに異存はない。

その場でスケジュールの確認をした。

彼の落ち着いた様子から、大きな焦りは感じられなかった。

しかし、こちらからの連絡を待たないでわざわざ話しかけてきたからには、急ぐ事情があるのだろう。トラブルから抜け出せず、大変に困った状況に直面しているのかもしれない。話を聞くなら早いにこしたことはない。


一週間後、川田社長（以下、太郎社長）の経営する会社へ出かけた。

「株式会社川田ケミカル」は、ＪＲ福井駅から歩いて五分ほどの市街地にある。

六階建の自社ビルだった。昭和の後半から使い続けてきた建物を現社長の代になって改築し、まだ数年しか経っていないそうだ。従業員は二百人弱という。

通された社長室は、この部屋の主人の佇まいを物語っている。

まるで大学教授の研究室のようだった。

壁いっぱいに作りつけられた大きな本棚。びっしりと本が詰め込まれている。ちらっと見ると、化学や工学関係の専門書が多いようだった。社業に関係するものなのだろう。整理が行き届いており、雑然とした雰囲気はなかった。

相談の場に参加したのは、全部で五人。川田ケミカル側は本人と副社長と顧問税理士、こちら側は当時の共同経営者と私だった。

こんな相談内容だ。

目標。なるべく早い自社株の整理。

なるべく早く、の条件があるとしても、全体として、それこそが私が専門とする業務そのものである。

じつに願ったりかなったりの依頼だった。

求められているものが最初からはっきりしていれば、そしてこちらが合致するソリューションを持っていれば、これほど取り組みやすい案件はないのである。

逆に困ってしまうのは「呼ばれて話は聞いてみたものの、結局、何をすればいいのかわからない」という事態だ。現実に、これには結構、出くわす。

事業承継上の相談に乗ってほしいと請われて出かけてみたものの、「後継者がいない」との悩みに、「ではこういう方向を模索してみては」と提案しても興味を示してくれなかったり。

あるいは、後継者は決まっているが、事業承継のプロセスが明らかに不合理なケースについて、こちらから改善案を示してみても「これがうちのやり方なんだから」と全否定されたり。

結局、ただ話を聞くだけになってしまう。

それでも、私の望む役割ではなくとも、「事業承継の相談ならあいつに」との認知度が少しでも広まるならば、まずはよしとすべきなのだろう。

すべての相談が仕事につながるわけではなく、いわゆる〈営業〉なんだと考えれば、いずれなにかへと結びつくこともあるはずだ。

川田ケミカルの場合は、話を聞くにつれ、存分に仕事ができそうだと力が湧いてきた。

過去と未来

まずは、詳しい事情を知るための聞き取りをする。

私は、事業承継にまつわる自社株の取り扱いに関して、いくつかのソリューションを持っており、事案ごとに組み替え、柔軟で合理的な対応を心がけている。だからこそ、相手の状況を理解していないと正しい提案はできない。必要な情報をあらかじめ得ておかねばならないのだ。

もちろん、こんな場合、顧客に対して「問い詰められている」との印象を与えてはいけない。コンサルティング業の鉄則である。

何をどう話すかは相手に任せて、こちらに必要な情報をピックアップして脳味噌にメモしていくのが、私の培ってきたテクニックだ。

太郎社長は、会社の成立から語り始めた。

いまになってみれば、よくわかる。

彼はおそらく、こちらに通りいっぺん以上の事柄を、多くの情報を伝えておきたかったのだろう。私に知っていてほしかったのだ。

なぜ、自分の所有し経営する会社が、この場所で無事に存続しなければならないのか、わかってほしかったのだ。

＊＊＊

川田ケミカルは、太郎社長の祖父が大正時代に個人事業として創業した。一九六〇年代に株式会社として改組する。

社名の通り、工業用の化学薬品を扱っている。

発足当時は、福井市街で、油などを売る商売人だった。やがて、石油やその他の製品へと事業を広げていく。

太郎社長が子どもの頃の思い出で強くおぼえているのは、明治生まれの祖父がとても厳格で恐い人物であったこと。

だが、大人になってからそんな祖父の興した事業を見直してみると、卓越したビジネスセンスを持っていたこともわかった。だからこそ、戦中戦後の荒波にたえて時代を生き抜けたのだ、と納得がいった。

太郎社長の父親が経営に加わり、やがて二代目社長に代替わりしてから、会社はより大きく発展した。日本全体の経済を底上げした成長期に乗り、工業生産は花盛り、ついには自社ビルを建設するまでになったのである。

将来の社長職を約束された後継者として太郎社長自身が入社したのは、ちょうどバブルとその崩壊の頃であった。リーマンショックの時期にはすでに経営陣として会社を守った。以降、日本の多くの企業が延々と続く下り坂を進む苦境を二十年以上にわたって続けている中でも、川田ケミカルは堅調に成長を続けてきた。

それが可能だったのは、親子三代にわたる真摯な経営努力ももちろんあるが、賭けるも退くもなぜかいつもタイミングがよかった「時の利」と、なんといっても社員に恵まれた幸運「人の利」が大きい。

多くの人々が長年、会社に愛着をもってともに働いてきてくれた。ずいぶん前に辞めた元社員もよく会社に遊びに来てくれる。親子にわたって勤めている者もいるぐらいだ。彼らと彼らの家族のためにも、会社は無事次世代に引き継がれなければならない。

太郎社長自身の家族は、妻と、十代になったばかりの一人息子のみ。両親ともすでに他界していた。

他には、結婚して東京に暮らす姉がひとりいる。

彼女は、過去に会社といっさい関係を持つことはなかった。先代社長——彼らの父親——が保有する自社株を長男である弟にすべて相続させたときにも口を出さず、つまりは、任せきり、我関せずという姿勢であった。


テレビドラマのようなドラマチックさはない。だが、私は話を聞きながら、大正、昭和から平成にかけての日本の風景をふっと思い浮かべていた。

大企業の一部にもならず、長い時間をかけて地域で育ち、雇用と地元経済に貢献してきた優良企業なのだろう。

オーナー一家の世襲のみで経営が受け継がれているとはいえ、もう家族だけの会社とはいえないほど土地に密着している。日本経済を支えてきた、地方の中小企業の典型なのかもしれない。

さて、ここからが本題である。

以上のような過去と現在を背負って、太郎社長は、私たちに、大げさに表現すれば未来へ向かう手段を相談してきたのだ。

非上場企業のオーナー経営者が保有する自社株を、次の経営者へ引き継ぐにはいくつか方法がある。

最も単純なのは先代から買い取ること。他人であればそうするかもしれない。

しかし、親から子へ、家業として会社が引き継がれる場合、あえてこの手段がとられないことが多い。

家族間の贈与であると税率が高くなることがあり、また、売買での金銭のやり取りはあとあと複雑な事態を招いてしまう、という心配もあるのだろう。

では、もし経営者が生きている間に次代との受け渡しを成立できなくて、名義変更のないまま亡くなったとすると、自社株はどういう扱いになるのだろうか。

財産とみなされ、遺族に相続されるのだ。

相続ならば、相続税が発生する。

その税金はいくらになるのだろう。発行され、取得されたときの額面から計算するのだろうか。そうではない。不動産と同様、時価なのである。

もちろん、上場され取引の対象となる株式とは違って、この場合に日々の価格変動はない。だが、変化はある。必要があって価値を決めようとすれば、その時々の業績の上下により、決算ごとに変わってくる。

太郎社長の会社が自社株を発行したのは、この面会から遡ること六十年以上前だった。そして、代々経営者の努力が実り成長し続けた結果、会社の価値があがり、株価は大きく跳ねあがっていた。物価変動の影響を加味すれば、十倍どころではすまない金額だ。もし相続税を計算したら自社株の分のみで数千万円になったはずだ。

社長一家の資産状況については、税理士でも弁護士でもない当時の私の関知するものではなかったが、現金でその額を払うと考えると、なかなかの負担であったろうと思う。

そもそも、自社株を相続するだけで莫大な税金が徴収される仕組みは、企業経営者の財政的体力を一方的に奪ってしまう。

なぜなら、自社株を保持していても金銭的な得は多くないからだ。

株主配当もないではないが、たいてい多額ではないため、相続税に見合うほどではない。

もちろん、中小企業のオーナー経営者たちの誰もがこのような事態を甘受しているわけではなく、長らく一般的に行われてきた対策は存在する。

生前贈与だ。

それもずいぶん長い期間をかける。

次の世代を担う息子や娘に、毎年少しずつ自社株を贈与し続けるのだ。「少し」とは、その株の価格によって変動するが、贈与税が発生しないギリギリの額のことだ。現行法では一年間に百十万円以下が非課税となる。

そんなことを、株価の状況によっては数億円分続けるのだから、長い期間になってしまう。子どもが物心つく前から贈与を始める、なども決して珍しくはない。

ビジネスとはなんの関係もない子どもの株主というわけだが、少なくとも相続税の呪縛からは逃れることができ、次代の経営者が自社株を保有した途端、個人資産が底をつき借金まみれになるという最悪の事態は避けられる。

太郎社長も、一人息子が小学校に入学する前からコツコツと贈与をしていた。

ここで実は、彼がまだ五十代に手が届いたばかりであることを知らされ、驚いてしまっなかった。

た。経営を引き継いで十年あまりだという。その疲れを帯びた容姿からはまったくわから

さて、川田ケミカルのオーナー経営者として太郎社長が父から承継した自社株は、全株式の六〇パーセントだった。株主として会社の支配権を持つに十分な数である。私が相談を受けたのは、その自社株を四分の一ほど息子に譲渡する手続きが終わった頃だった。

話を聞きながら、私は「それなら問題にはならないだろう」と考えていた。

自社株の生前贈与で後々トラブルになるのは、贈与する子どもや孫が何人もいる場合である。川田家にはあてはまらない。であれば、非課税分ずつの譲渡はなんといっても費用がかからないので、理にかなっているわけだ。時間はかかるが、譲渡が完了するまで毎年同じ手続きをくりかえせばいいだけ。

というわけで、太郎社長が目標として掲げた「早く処理してしまいたい」自社株のうち、息子への譲渡部分は私が手をつけるものではないことになる。もっぱらの仕事は、社長が保有する以外の四〇パーセントをどのように処置していくかになるだろう。

まず肝心なのは、情報のフィックスである。

社外で保有されている自社株の行方はどうなっているのだろうか。

たずねると、話題がそちらへ行くことを予想していたのだろう。すぐにリストが目の前に出てきた。そもそも、毎年とはいかなくとも、株主への配当を続けているのでいつでも把握できている。

ざっと見ていく。三十ほどの個人名と四つほどの法人名が並んでいた。

説明によれば、親戚と長い付き合いの取引先ばかりとのことだ。

一九六〇年代当時、どのような経緯でこの人々が自社株を所持するようになったのかはわからないという。ひょっとすると、資金集めのためとは限らなかったかもしれない。いまでもよく聞くが、つながりのある企業や有力者に自社株を持ってもらってお互いの信用を維持する、そんな意味合いだった可能性はある。

すべて先々代の懇意の人々だったのだろうが、現社長にとっては顔すら合わせたことのない人物もいる。

彼ら全員から全部の自社株を買い戻すのだ。

「我々は、この問題を多く処理していますから、早期に解決できると思います」

と私は請け合った。太郎社長によれば、住所や連絡先が不明な者はいないそうだが、着手してみると意外にすんなりいかないこともある。いずれにせよ、このプロセスが本件の一番の山になるはずだ。

……ところが、太郎社長は意外にも、

「息子に自社株を譲るのはやめるので、買い取る分も含めて、すべての自社株を処理する解決策を提案してほしい」

と口にしたのである。

「そうなんですか？」

思わず、私の口から驚きの言葉が漏れてしまった。

その素っ頓狂な驚きように面食らったのか、社長は、

「ええ、まあ……」

と一瞬、副社長と目を合わせ言葉を濁した。普通ではないことは重々承知の上での相談であるということなのだろうか。

結局、その場での事情の説明はなかった。知り合ったばかりの相手に言いたくない内容なのであろうか、と当時は思ったものだ。

とはいえ、自社株承継が「贈与」から「買取」に変わった事情が、会社それとも太郎社長のものかはわからないが、なんであれ、こちらはこちらで仕事を進めるしかないのであ

るが。

しかし、そういう依頼ならば、全体像・ロードマップを構築しなければならない。

一通り情報を得て、ヒアリングを切り上げた。

意外にも、こちらが警戒していた古株らしい顧問税理士は口を挟むことなく、終始、うなづくだけだった。非常にしばしば、地域の税理士や弁護士は私たちの前に立ちふさがる、あまり合理的でない壁となるので、心配をしていたのだ。

私は、なるべく早くプランを提示をすると約束して名古屋へと帰ったのである。

＊＊＊

当時のパートナーと話し合った結果、提案は、私が看板としている「自社株マネジメント」メソッドを柱にすると決めた。

おおまかにいえば、こういうことだ。

●社長保有分（息子に譲渡された分も）を含めたすべての自社株を管理保有するための新たな非営利法人を作って、そこへ集める。

新法人の議決権を持つ役員には現社長が、ゆくゆくは次代の経営者が就任する。

いくら経営者のものとはいえ、相続のたびにトラブルのタネになり得るかもしれない自社株を、個人所有の状態から引き剥がす。しかも実質的な会社の支配権が変わることはないソリューションだ。

しかし、私たちがベストと考えるこの方策は、どこの会社にでも提案できるわけではない。いくつかクリアしなければならないポイントがあるからだ。

まず、コストがかかる。一度に数億円の自社株を買い取らなければならない。

それも、現金を用意するのは会社である。通常、中小企業は、それだけのすぐ動かせる現金をプールしてはいないので、ほとんどのケースで銀行からの融資が必要となる。

とくにこの点で二の足を踏む経営者は多い。以前ならオーナー経営者自身、あるいは家族内ですんでいた金策に会社を巻き込むことになってしまうのだ。どうも負い目を感じてしまうらしい。

そんな時、私はこう言うことに決めている。

「もし、社長自身が借金をしなければならない羽目になったら、それこそ大変じゃないですか？」

大きな借金を背負い、返済できればいいが、存命中に果たせず次の代にまで負債が残ったらどんなことが起きるか誰にも予想できない。ややこしいことになって、会社を人手に渡すことになり、その結果として社員が路頭に迷ってしまう可能性もなくはない。

一週間後、プランを文書化し、太郎社長に渡した。最終目標へと向かうロードマップと、考え得る課題・対処法などを記してある。

メインミッションは、持ち株法人の設立と、やはり四〇パーセントの株を買い戻すこと。

結論からいえば、プロセスは順調に進んだ。むしろあっけないほどであった。

数度にわたる電話等でのやり取り、何十通におよぶメールによるすり合わせはあった。太郎社長はささいなことでも丁寧な連絡をくれる人物だった。

最大の難関だと予想された、何十人かの株主から自社株を買い戻す作業も、かなり短期間で終了する。

私が経験から身につけたテクニックを使い、株主によっては社長自身に直接出向いてもらうこともあったが、株主総会開催を強行に主張する株主や、ましてや訴訟に発展するなど極端な事態になることはなかった。

法人設立の手続きには数ヶ月を要した。

すべてが無事解決して、挨拶のため福井の川田ケミカルを訪れた時、久しぶりに太郎社長と直接顔を合わせた。それまでは、メールか電話、あるいは、直接話し合うとしても誰か他の者との打ち合わせだったのだ。

社長室へ足を踏みいれて、彼の姿が目に入った瞬間、私は驚いた。

そして、悟った。

「いやあ、イメージチェンジしてね」

髪の毛が一本もなくなっている。見る影もなく痩せ細っている。頼りなげな笑顔が痛々しい。

病気、か。いや、癌だろう。そうだったのか――。

瞬間、息子への譲渡を途中でやめてまで自社株の処理を急いだ謎がとけたのであった。

なぜ慌てていたのか、とうとう腑に落ちたのである。

私が提案したスキームは、どのような企業においても有効であることは確かだ。とはいえ、当初、私が依頼を受けた段階で、他ならぬ川田ケミカルにとって絶対に必要だったか、と問われれば疑問はあった。コスト、手間の両面から、あのまま太郎社長の息子に自社株譲渡を続けていたほうが割安だったはずだ。先々に問題が発生しそうにも思えなかった。

結果として、将来に向かって安心なシステムができあがったのは喜ばしいが、私の脳裏に「なぜ？」のサインが浮かび続けていたのだ。

一年ほど経ったある朝、副社長から連絡が入った。

太郎社長が亡くなった。

取るものも取りあえず、福井へ向かう。

葬儀は、地元の名士として長く親しまれてきた家柄だけに盛大なものであった。故人の人柄をしのぶ声が寺の境内のそこここから聞こえる。

副社長によると、最後の数ヶ月は、病院のベッドに寝たきりで、ほとんど話すこともできなかったそうだ。

そして、あの最初のセミナーに太郎社長が現れた頃、すでに病気はステージ4と診断が下されていたことも知らされた。

ふと、気づく。

私は太郎社長の「死の準備」を手伝っていたのだ、と。

承継や相続を扱うこの仕事は、究極的にはすべて依頼人の死を前提とするが、現実的に実感しているかといえば、本人もこちらもそんな気分には程遠い。

しかし、太郎社長には抗えない近い未来の現実との直面があった。その中で、彼が会社と家族を守ろうとした心根が心にしみる。

現在、会社は、遺された妻が不慣れな経営を引き継いでいる。息子はまだ大学生になったばかりだ。

大変だろうな、とは思う。

だが、あの時、社長が判断を誤っていたらどうなっていただろう。あるいは病気を知って自暴自棄になり、なにもかも放棄していたら。家族も社員も大変どころではなかったかもしれない。

ケース❶に対するソリューション

上場会社のみならず、非上場会社においても、株主が何十名（社）と多数存在する場合は少なくありません。特に社歴が五十年を超えるような場合は、相続その他の「株主側」の事情により、自然と株主が増えていきます。

本章のストーリーの元になったケースを、現実の処理の上から概説したいと思います。

まず、本件の依頼主がオーナー社長となっていた会社は、設立当初の発起人等に相続が発生し、ご相談時には株主が三十名（社）ほど存在していました。

弊社のスキームの理想形は「個人株主排除」です。

そして、社長のご希望は、将来、後継者が会社を承継した場合に困った事態に巻き込まれないよう「株主を整理したい＝数を減らしておきたい」でした。

表現は違えど、目指す理想形は同じといえるでしょう。

つまり、親族外の個人株主、取引先・協力会社の法人株主が保有する自社株を集める（買い上げる）とともに、社長とご家族が保有する自社株を減らす（売却する）ということです。

そこで、自社株を集める相手先＝自社株の購入先についてですが、親族内承継＆個人株主排除という観点から、基本的には三つしかありません。

それは、
①会社自身（自社）＝自己の株式取得
②持株法人（ホールディングス・資産管理会法人）
③持株会
です。

今回は、法律面・税金面、親族間の感情面、その他ステークホルダーとの関係性等、あらゆる側面から検討した上で、①と②の活用をご提案しました。

具体的には、親族外の個人株主、取引先・協力会社の法人株主からは①自社が自己株式として買い上げ、社長とご家族からは②の持株法人として一般社団法人へ売却するというスキームです。

ここで、一般社団法人について簡単にご説明いたします。

一般社団法人は、株式会社・合同会社等と違い、出資（株式・持分）をするという概念がありません。

つまり、社員という発起人が二名以上集まって（社団）定款を作成（公証役場での認証必要）し、法務局へ設立登記の申請をして成立する法人です。

よって、株式会社のように出資者＝株主が「会社を所有するという概念がない」ため、いったん一般社団法人が売買により保有・所有した自社株や不動産は、二度と相続に巻き込まれることがないのです（ただし、相続『税』は理事の構成等の要件次第で課税の可能性あり）。

今回の案件の社長には、とにかく自社株を相続のテーブルに乗せたくないという強い思いがあり、②の持株法人として一般社団法人を採用しました。

あわせて、株主間の平等を保ち、かつ、資金面での負担を軽減したいというご要望もあったため、株式売買ではなく、①自己株式の取得（資本取引）を採用しました。

結果、株主は一般社団法人のみ（一〇〇パーセント親会社）となって、すべての個人株主を排除できました。

無事に社長のお望みのまま、最善の対策をとることに成功したのです。

もし、これらの処理がなされないまま、社長が亡くなっていたら……？

必ずしも悪い方向にいくことはないでしょうが、仮に最悪の想定をしてみましょう。

まず、社長が一人で保有していた自社株は、実際の承継者となった妻と、幼い一人息子の両者に分けて相続されます。息子は前社長から既に贈与された分がありますから、それらを合計すると、妻よりも多くの自社株保有者となります。彼女は経営トップでありながら、株主総会において、単独過半数の議決権を持てないのです。

つまり、その状態のまま株主総会が開かれたら、妻の事業承継はじめ、あらゆる議案の承認が得られないかもしれないのです。

その状態を避けるため、彼女が親族外の個人株主、取引先・協力会社から自社株を買い取ろうとすればどうなるでしょう。

これは現実に自社株を買い取った時に聞かれた声ですが、「現社長がご健在だからこそ」、「現社長の直々の頼みであるなら」、会社＝社長に対して自社株を売却することに納得した方々がほとんどでした。ですから、後継者である妻からの要請では、簡単に売買が成立しなかっただろうと思われます。

こうして、形ばかりの承継はしたものの、窮地に立たされて、結局は会社を解散・清算して株主へ残余財産を分配せざるを得ない……という状況に陥ることも考えられるのです。

ケース❷ 相続税は残酷な圧力

治らない傷

名古屋駅の新幹線ホームで春日井と待ち合わせた。午前八時だ。

「昨日は何時まで仕事だったんスか？」

爽やかな笑顔でたずねてくる。

最近、朝の挨拶はこのセリフばかりだ。

片手でキャリーバッグを引き、もう一方に小さな紙袋を持っている。たぶん朝食用のパンだろう。車内で食べるつもりなのだ。出張時の恒例となっている。

「会社を出たのが三時半。徹夜にならなくてよかったよ」

そう答えた。

仕事が山積みになっていた。

いくつかの案件に同時並行で手をつければ、やってもやってもキリがないほどの作業が押し寄せることになる。今日が出張でなければ、確実に始発の時間を越えていただろう。

「僕は、結局寝たのが五時」

「て、ついさっきじゃないか」

私より遅かったらしい。

昨日、春日井は出先を夜遅くまでまわっていたはず。その後、自宅でパソコン作業をしていたのだろう、今朝、私あてのメールで次の案件に対するプランニング書類が送られてきていた。

いくらこの男でもオーバーワークなんじゃないか、ヘロヘロな姿で現れるんじゃないかと予想していたが、こうして平気な顔でやってくる。

タフなのだ。いつもながら一分の隙もない服装、健康的に日に焼けた顔色。ついさっきまでパワーポイントと格闘していたなんて様子はまったく見えない。だから(いや、見かけだけではないが、もちろん仕事上でも)頼りになるのだ。

よく起きてこられるものだ。いや、寝ていないのか。

名古屋駅発八時二十分、博多発東京行きの新幹線「のぞみ」が音もなくといった風情でホームに滑り込んでくる。

二人で乗り込み、隣り合う席に落ちついた。

独立して事業を始めて以来、ここ数年は一ヶ月に必ず数回、東京への出張がある。仕事の場合もあるし、知り合いから紹介してもらった人に会うための、顔つなぎの目的だったりもする。

地元の案件でこなさねばならないタスクが山積みになっているので、できれば出張は一、二泊の間にまとめてすませてしまえれば、と思うのだが、そうはいかない時もある。一週間まるまる滞在したり、週末ごとに上京して、気づけば東京にいる日数が地元のそれより多い月があったりもする。

今回は一泊二日だ。いくつかの用事をまとめて詰め込んである。昼間は仕事と、ちょっとした打ち合わせ。夜は別口の会合だ。明日は古くから世話になっている人物の招待で少人数の食事会がある。

それで……今日の仕事の内容が、少し考えさせられるものなのである。

何を考えるのか。

大げさに表現すれば、この社会の理不尽さについて、それから私自身の職業の本質について、である。

私の職業とは……。

この仕事は、初対面の相手に対しての説明が難しい。そもそも、職種名は何と呼べばいいのか。自分でも判然としない。

例えば、相続関連のコンサルタントと表現すれば、間違いないにしても、たいていは、

「つまり、税理士や公認会計士的なものですか」

という疑問形の質問が返ってくる。

断言できるが、それはまったく違う。

といっても、そこで、ムキになって否定するべきかどうかは疑問である。

いや、「べき」ではある。もし私の役割が誤解されたままになり、畑違いの仕事の相談をされたら困ってしまう。だから、なるべく実情に近い理解をしてもらうまで説明をすることには決めている。

決めているのだが、やはり難しい。

会計処理的なものではないとして、では相続関連でなにをやっている人間だと伝えればいいのか。

相続税の節税対策？　その通り。しかし、我々の場合、一般的に相続で連想される不動

産や現金による遺産やらをメインに取り扱うわけではない。

「非上場企業の自社株が」

「相続される場合に」

「発生してしまう税金と」

「巻き起こりがちな種々の問題」

を解決するためのコンサルタント、といったところだ。

すると、会話の相手は、当事者になった経験があるとか、知り合いにそういう者がいて話を聞いたことがある場合以外は、たいてい困ったような顔つきになってしまう。

非上場企業の自社株は市場で取引されないから、現金化という意味では、ほぼ金銭的価値がないことはたいていの大人なら知っている。ところが、資産価値があるのは案外知られていない。

ましてや、相続にあたって大きな負担となり、対策をしなければならないほどの税金がかかってしまうのは、世の中の常識になっていない。

現金価値がないのに「資産があるから現金を払え」という変な扱いなのだ。

そこまでが相続税について。

付随する問題はどうか。

実際には、こちらのほうがより厄介である。非上場企業の自社株に金銭的価値はほぼ見出せないとしても、「保有」にはしばしばトラブルがついてくる。

そこまで言えば、察しのいい人なら、

「株式会社だから保有率によっては、経営権が危うくなったりとか？」

との理解を示してくれる。

もちろん、そちらの方面の心配をするにこしたことはないが、まあ、現実に深刻な状況へと発展することは少ない。

もっとわけのわからない事態、「義理」と「情」が複雑に絡み合って、一気に玉虫色の様相を帯びるほうが多く、手がつけられなくもなる。そして、その絡み合いがある程度解決しないと、私は「本業」をやり通せない。

とまあ、そんな説明になるのだが、これじゃあ誰も納得いかないだろう。

もし私が逆の立場、この仕事について何も知らない状態であれば、こういう説明に対して、なんてわけのわからないことを言うやつだ、などと考えるに違いない。結局、具体例なしの抽象的な説明をいくらしても理解されることはないだろう。そして、会ったばかりの相手に過去の顧客の情報をおいそれと披露するのは倫理的に問題がある。

……やはり、わかってもらうのは難しい。

さて。

今回の、東京出張に発展した依頼こそ、まさに「絡み合ったややこしさ」の典型的な例である。

具体的には「姉弟（きょうだい）喧嘩」。

家族同士の想いが絡み合った結果、後戻りできなくなってしまった。

誰にも悪気はなかった。むしろ、日本人らしく、お互いに遠慮しあって忖度しあって気づかいあって、存在する問題を長年の間、会話にのぼらせることなく、暗黙の了解のうちに過ごしてきたからこそ生まれてしまった「すれ違い」。

結果として、何も起こらないままではいられず、最後にとうとう爆発してしまった。

家族の抗争の種は、ずばり自社株だ。

会社が発行するものだ。となると、問題が起これば家族内に治りきらなくなる。

創業者一家である彼らの関係が悪化すると、会社の未来・存続に不安をもたらすことになりかねないのだ。しかも不条理なのは、トラブルの主人公たちの何人かは社業とまったく関わりなく生きていることだ。

どう解決すればいい?

公私の境目をはっきりさせていないのがいけない、などと正論を振りかざしてどうなるものではない。いや、もちろん確かにその通りである。創業以来の日々のどこかで解決しておけばよかった。機会はいくらでもあったはずだ。

だが、ことここにいたって、それを言っても何にもならない。最善の解決策を採る時期はとっくに過ぎている。もう、現在進行形のトラブルをなんとかおさめるしかない。そして、それほど先ではない将来に起こるであろう、さらに良くない事態にそなえる。

どれほど遅きに失していても、やるしかない——。

そんな風に追い詰められた状況になってから我々が呼ばれた。なんとかしてくれ、と。

こんなことは本当によくある。慣れている。

慣れてはいるが、もっと我々の存在と仕事を知ってほしいとも思う。世の中の人々に。

「こんなになるまで放っておいて……」

そんな気分がある。

ドラマの中の医者のセリフ(私自身はそんな風に言われた体験がないけれど)のように。

もっと早く相談してくれれば打つ手をいくつも示せたはずで、そうすればここまで面倒臭い大ごとにならなかったのだ、と何度も悔しい思いをしてきた。

もちろん我々は心理カウンセラーではないので、家族の喧嘩を解決できない。掲げる看板には、あくまで「会社経営権の安定性を確保する」と書いてある。

だからといって、会社に関連する部分だけ、スキームの提案なり構築なりすればいい、とはならないのが現状だ。

なぜなら、その目的を達成するには、多くの場合、二つのプロセスを経る必要があるからだ。

まずは、人間同士のごたごたと自社株の保有問題を切り分ける。

そのうえで、本題である自社株の受け皿づくりを行う。

前段では、人間的な背景を理解してこそ柔軟な解決策が見い出せる。つまり、彼らの問題へと必ず巻き込まれるのだ。

くどいようだが、それもこれも人間関係でトラブルが起こる前に自社株の扱いについて相談してくれていればよかった話である。そうしておけば、プロセスは一つだけでいいし、私が他人の家族のプライバシーに首を突っ込むことはないのだ。

こんなことをしているコンサルって他の業界にも存在するのだろうか。

会計士や税理士はどうなのだろう？　あるいは、弁護士は？

彼らはいろいろなトラブルを法律に規定された形で解決するのが建前の仕事だ。ゴールへ向かうためのテクニックを駆使する点では似ている部分もあるだろうが、感覚的になにか別種のカテゴリーな気がする。

東へ向かう朝の新幹線車内で、自らの仕事について考え続けた。

ふと、隣席で朝食後のコーヒーをすする春日井をチラッと見て、心の中で問いかけた。

〈お前の職業を一言で説明してみせよ〉

すると、春日井が見返してくる。

「なんすか？」

「ああ、いや……、そのコーヒーうまいんだっけ」

朝っぱらから変な試験みたいな問答をふっかけられるのは迷惑だろう。適当に言葉を濁した。

「え？　飲んだことあったでしょ、うまいって言ってたじゃないすか」

「そうだっけ？　忘れた」

コーヒーの味にうるさくない私ではある。

今回の件で関わることになった家族を思う。

午後、東京で面会するのは、いわば相手側である。我々に相談してきた依頼人と争っている肉親だ。

〈この先、大変なんだろうな〉

心の中でつぶやいた。

我々が書いた筋書きで、問題解決に向けて動き出してはいる。他に選択肢はない。交渉の行方によって多少の変更はあるが、おおむね既定路線で解決するのは間違いない。

双方は折り合いの地点を見つけ、手打ちとなるだろう。決裂しないし、それほど長い時間はかからないはずだ。関係者の誰もだらだらとこんな争いを続けたくはないからだ。

多くのやりとりと手続きがあって、設定した終着点へとたどり着くのは一年後ぐらいだろうか。

会社の対外的な面、構造的には、より現代的でガッチリしたシステムとなる。

だが、それとは別に、彼ら家族の仲がどうなっていくのか。

想像は、つく。

経験から推測するに、以前のような関係へと修復はできない。「感情」と「金」とが化学反応してできあがる恨みという化合物は、そう簡単に分解してくれないものである。

だから、大変だ、と思うのだ。

思わずため息が漏れた。

何十年も家族としてやってきた絆に亀裂が入り、決定的に大きなものが失われてしまう。

何が悪かったのか。どこで間違ったのか——。

物語は、始めから荒れ模様だった。

すれ違い

それまで抑制を効かせていた声が、突然大きくなり、室内に響きわたる。

「もう、イヤだがね！　なんでこんな面倒くさいの！」

強烈な名古屋弁。

飾り気のないシックな色合いのスーツに、大きな花柄のスカーフがポイントとなり、かっちりとコーディネートされた完璧な着こなし。丸出しの方言とのギャップが大きい。

相対する我々は初対面だった。

とても驚いたが、十分に理解はできた。

彼女にとって、無理からぬ状況だったのだろう。

二年に及ぼうかという肉親との確執は、自分に対する裏切りとして感じられてきた。話し合いは平行線のまま、問題解決どころか時間を追うごとに大きく膨らんでいき、七十歳を超えたこの経営者の心の重荷になっていたのだ。

＊＊＊

疋田洋子氏が経営する会社は、名古屋駅から自動車で十数分の場所に自社ビルを構えている。

住所は名古屋市ではなく「あま市」だ。

あま市は、名古屋市内最大といっていいビジネス・商業地区と隣接し交通の便が良い場所にありながら、長い間、商業地区にも大規模ベッドタウンになることもなかった。新たに宅地化が加速したのは近年になってからだ。

しかしいまもまだ開発されきった様相はなく、市街から少し離れるだけで肥沃な土壌を利用した農業地区が広がる半農半住の、ようするに日本中に多くみられる郊外の町である。

二〇〇九年、海部郡の三つの町が合併して市となった。行政区としては誕生して十年あまりの新しさである。

こういった地名変更は日本中で起きているが、土地で長く暮らしている人間とってはなかなか慣れることができない。

後に親しくなり付き合いが長くなっていく洋子社長から聞いたところでは、当初の何年か、住所を書く際に平仮名の「あま」が何やら照れ臭く、またどのようにバランスを取って書いたらいいかわからない感覚があったという。

たしかに、愛知県で生まれ育った私自身も、以前の海部郡七宝町、甚目寺町、美和町であった頃の地名のほうがしっくりくる。母の妹の一人がこのあたりに住んでおり、子供のころは「じもくじのおばちゃん」と呼んでいたものだ。小遣いをくれる羽振りのいい人だった。合併によって甚目寺町の名前は廃止になってしまった。とはいえ、うちの家族では叔母のことを相変わらず「じもくじのおばちゃん」と呼んでいるのだが。

おそらく各地の「最新鋭のネーミング」の土地でも同じような事情があるのだろう。

あま市の東端、ちょうど、通りを挟んで向こう側が名古屋といったあたりにある十階建ての現代的なインテリジェント・ビルが依頼主の経営する「株式会社長良電装」だ。

この会社は、数十年にわたり、地元の自動車製造業を相手に電子機器関連部品などを手配し続けてきたが、近年になって取引先が海外に広がり、中国、韓国、ベトナムなどにも支社を設立したのだという。扱う商品が多岐にわたってきたことが発展を後押しした大きな要因らしい。

各国における事情の違いによってビジネスの形態も規模も大きく変わるが、アジアの大都会で増えつつある、めざましいエレクトロニクス化を進める「電脳都市」には、あらゆる電子部品・電機機器が必要だから、次から次へと掘り起こされる需要の波に乗って業績が拡大している。いわばインターナショナルなサプライヤーとして各国に地歩を築きつつあるのだ。


長良家は、もともと何代も続く大きな農家であった。豪商というやつだ。地元では広く名を知られるかなりの名家だったという。

それが現社長の父親の代になって変化した。

戦前に大学で工学を身につけ、戦火を生き抜き新しい時代を迎えた時、彼はひとつの考えを持つにいたる。

地元の工業発展に貢献しよう。荒れ果てなにもかもを失った日本が再び成長するには、工業の復興が大きな鍵となる。それには本州のちょうど真ん中にあたる東海地方がエピセンターとして重要な役割を果たし得るに違いない。

青雲の志を抱いて起業した。工業分野でも、得意であった電気関連を主な事業内容と決めた。

幸い、大学時代の友人たちがさまざまな製造業に就職して活躍しており、ツテを辿って仕事を得た。ただし、必ずしも最初から成功したとは言いがたかったようだ。実際、会社の年表には何年間もこれといった事績が記されていない。いわゆる「実家が太い」という状況になければすぐに消滅していたのかもしれない。

高度経済成長によって転機が訪れる。日本に自家用車が普及し始めると、そこにチャンスを見出して、長良電装は発展した。

当時の自動車は現在ほどありとあらゆる箇所が電子制御ではなく、したがって電気部品の使用も比較的少なかったが、長良電装は生産工場内で使う工作機械から、手もとを照らすちょっとした電灯といった製品まで含めて、積極的に大手自動車会社に売り込みをかけていった。

先代の目の付け所の良さは、自らが部品生産者となるのではなく、優良な部品や製品を作る小規模工場を全国から探し出し、大会社へ斡旋する仲介者としての役割に特化していった点にある。

私の想像では、自動車の電気・電子周りに特化した卸売業だったのかな、と思う。情報を制した者が成功をおさめる、とまるで二十一世紀のビジネスマンのような先見の明の持ち主だったのだろう。

と、いったところが、仕事の打診が来て「一度会ってお話でも」となり、アポを取ってから急いで予習した、我々の「事前学習」の内容であった。

他の業種であれば、新規顧客の情報はもっと細かい部分まで探っておくものかもしれないが（例えば、現在の経営状況や、社内のキーパーソンが誰だとか、パワーバランスがどうだとかいろいろ）、我々の場合には、ざっくりした理解で足りてしまう。

結局、それら表面に出ている「会社にまつわる情報」には、我々の実務の役に立つものがほとんどないからだ。最も重要な部分「自社株を誰がどのように保持しているのか」は、ちょっと調べたくらいでは外部にわからない。

あるいは、我々も商売である以上、商取引の相手の経営状況に目を向けるのが一般的じゃないのか、と思うむきもあるかもしれない。それはもちろん、支払いは大事だ。労力を使ったのに取りっぱぐれた、では困る。だが、よっぽどのことがない限り、心配は無用である。我々の顧客に限って、羽振りが良さそうに見えて内情は火の車で……などというということはあり得ない。

なにしろ、相続税を節約したい、オーナー企業の未来のために自社株を整理しておきたいという相談をするような人々は成功者しかいないのである。会社が儲かっているからこそ、そんな悩みが発生する。

もうそうなると、相手の会社を調べておくのを習慣にしている理由は、単に、顧客についてまったく知らずに仕事に着手するのが、なんぼなんでも礼儀にあわないのではないかという遠慮、のみである。

ではあるが、相手にその気遣いをアピールして好印象を持たれることはあまりない。初めての面談で事業関連の話題を振って、「そこに興味を持ってくれているのか」とばかりに喜ばれ、会話がはずんだ経験は数えるほどだ。

そもそも、むこうにしてみれば、そういった方面の用事（新規取引とか業務改善とか）で声をかけたわけではない。

日本も世界もいまやあらゆるビジネスがグローバル化していて、ましてや工業分野など数カ国にまたがったサプライチェーンの仕組みがないと成り立たない状況だ。長良電装の扱うエレクトロニクス関連などその最たるもので、一つの製品を作り上げるためには小さな部品一つひとつまであっちこっちの国の工場からかき集めて、拠点をまたどこか別の国に置いて、と複雑この上ない。

そんな込み入った状況を、「ちょっと話のツマに」などと考えているのがミエミエの、つまり本当は興味がないであろうド素人に納得できるよう説明するなど、面倒臭いことこのうえないだろう。

だからだろう（と考えているのだが）、ビジネスの話になっても「よくぞ聞いてくれました」との喜びの笑顔はなく、いかにも「やれやれ、どうやったら話題を終わらせられるだろう?」と言わんばかりの困ったような表情によく出会う。言葉を交わしている最中にも、早く本題に入らせてくれよ、うちの会社の仕事はどうでもいいだろう、という気持ちになっているのだろうな、と感じることがしょっちゅうだ。

そう。我々の聞くべきなのは「世間話がわりの社業」ではない。

もっとドメスティックな情報だ。

先代経営者か、ひょっとすると先々代の時代に何人の家族に自社株を相続させ、あるいは譲渡したか。取引先や知り合いがどれほど自社株を持ち、どのように受け継がれたか。

我々の代表的なメソッドである、自社株を集め直しての管理には、創業以来散逸したままの自社株の現状の把握が必要であり、その過程では、どうしても「誰々の知り合いで〜」「その人の息子が〜らしい」といった人間関係の情報が不可欠となる。

また、本当の意味での「本題」は、言葉にされないことが多い。これは遺産や相続にまつわる事柄なのである。つまり目の前の人物が亡くなった後の始末についてだ。

老境にさしかかりながらも元気一杯の会社経営者に、まず、あなたが死んでもうなにもできない状態を想像してください、と話さなければならない。

過度にナーヴァスになっていてもいつまでも仕事は進まないが、かといって切り出しやすいものでもない。さじ加減が難しい。だから、まず世間話から入るのだ。

洋子社長の場合、駆け引きは不要だった。

初対面から余計な気遣いが馬鹿馬鹿しくなるような、サバサバした、飄々とした、そんな形容詞が似合う人物であった。

最初の面談は、あま市の社屋で行われた。

このロケーションも顧客によって千差万別である。

会社へ訪ねるにしても社名を出さないでくれ、とか、そもそも絶対に会社に来ないでくれ、打ち合わせは離れた場所で、などという場合もある。

世間体もあるのかもしれないが、私が体験した中では、主に
「社員が動揺するかもしれないから」

が理由だった。

相続問題を生業とする者が出入りしていると知れると、自社の経営陣にお家騒動でも起こったのではないかと邪推される、というのだ。

まあ、実際その通りのことも少なくないのではあり、あながち見当外れでもない。

私などにしてみれば、不安な社員がいるのならば、「落ち着いてください」とひとこと言ってあげたいものだ。

自社株相続が問題になるのは、なんといっても儲かっている会社にしか起こりえない事態であり、であればこそそのしかるべき状況——自社株を整理しておかなければならない——に直面しているであり、ということはまた、将来に備えているのだから、当分、良い状態である見通しが立っているのでもある。

むしろ、社員の方々を「おめでとう」と祝福したいぐらいだ。

さて、「長良電装」である。

パートナーの春日井とともに招き入れられた長良電装の社長室は、とても機能的でシャープ、現代的なセンスでまとめられていた。

「ミニマリスト」というのだろうか、キチッと、カチッと、スキッと、な印象。すすめられた応接セットのソファーも装飾的な部分はなく、素っ気ないほどだった。

だが、座ってみて驚く。それまで経験したことのない快適さだったのだ。人間工学的な計算に基づいているのだろうか。

そんな感想を漏らすと、社長自らが解説を与えてくれた。

「そうなんです。なかなかいいでしょう？　これから我が社が取り扱おうとしている分野です。家具屋さんになるつもりではなくて、自動車に限らず、乗り物なんかのシートに、よりエルゴノミックでデザインセンスの良い製品を売り込めないかって。ここにある椅子は試作段階のもの。つまり、自分とお客様の体を実験に使ってるのよ」

と言って笑う。力強い眼差しでこちらをしっかり見据えながら話す。下調べによると、創業者である先代から引き継いでビジネスを数十倍の規模に成長させた傑物だ。なにやらパワフルなオーラを発していた。

そんな風に気圧された次の瞬間、社長の口をついて出たセリフは意外なものだった。

「名古屋の出身て聞いとるんだけど、こっからは名古屋弁でいいかね」

「……あ、はい。もちろん」

不意をつかれた形の私が口ごもりながら答えると、

「ビジネスなら東京弁がええ気がするけど、家族の話せないかんとなると、こっちのほうが合う思うがね。ほうじゃないかね」

確かに、という私の相槌を待たずに、洋子社長はいきなり本題に入った。


「事件」(いや、「騒動」とでも呼ぶべきか?)は、我々が長良電装に関わる二年前の正月に起こった。毎年恒例の家族が集まりの席だった。舞台は、あま市の会社からほど近い場所に堂々と建つ大邸宅。長良家の実家だ。

長良は洋子社長の旧姓である。結婚して疋田姓となった。夫の疋田信夫氏は、入り婿ではないけれど妻の実家に同居する「マスオさん状態」だという。

洋子氏には十歳離れた弟が二人いる。

なぜちょうど同じだけ年齢が違うのかというと、弟たちが一卵性双生児だからだ。そして、この二人がいざこざの元となったのである。

双子の雄太と聡太は、長じて地元に残らなかった。

大学進学のため上京し、一人は東京で銀行に勤め、もう一人は神奈川の公務員になった。それぞれ結婚し、成人した子供が二人ずつ。ちなみに、どちらも双子ではない。

姉の洋子氏とのトラブルのきっかけは、彼らの年齢によるものだった。ともに六十歳になり、そろそろ老後の人生について考え、準備を始めたからである。

双子と聞いて、私はどうでもいいことを頭の片隅で考えた。

長良家の当主は現社長ではない。他家の家族になっているわけだから。そして、古い家では現代でもやはり長男がまず当主の筆頭候補と目される。すなわち、長子が双子であるこのケースならば、生まれたのが数分だけ早かったほうが「家を継ぐ」第一候補になる。遺伝子的にはまったく同じ人間だろうに、不思議な気がする……。

さておき、二〇一×年が明けたばかりの日の午後、長良一家の集まりの場である。

「姉さん、俺ら、折り入って相談があるんだわ」

親戚一同が新年の挨拶をしたり、お年玉をやり取りしたり、賑やかにひとしきり飲み食いした後だった。

普段は冷静沈着、有能すぎるほどのリーダーである洋子社長が緊張を解き、心和ませる数少ない機会だ。

そんなタイミングを待っていたのかもしれない。弟たちが洋子氏を別室に連れ出した。

「なんなの。あんたら改まって」

そう促されながら、何十年経っても同じ顔を見合わせつつ、双子は言い出しにくそうに口ごもっている。

洋子社長は、後で振り返って、あの二人が自分に頼み事をするなど過去に何度もなかったな、と思ったという。

雄太――兄である――が、意を決したように口を開いた。

「俺たちが持ってる会社の株な、実はな、あれをなんとかしてゃあんだわ」

弟の聡太がうなずく。

「ええ？　なんとかってどうすんの。あんたらの子どもに相続するしかないがね」

洋子社長は不審に思いながら答えた。

「うん、本当ならな、そうするのが筋っちゅうか当たり前だがや。でもな、聡太と嫁さんらと集まって話して」

まったく同じ声で後を続けたのは聡太だ。

「遼に聞いたら、会社は絶好調で株の価値があがっとるらしいがや、俺らが親父から貰った当時よりも。てことは、うちらはまだええとしても、子どもらの代になって相続税を払わなかんくなったら、どえりゃあ高くなっとるかもしれんいうことじゃにゃあか」

「で、それをまた孫の代にも続けなかん、ちゅうのがしんどい」

「で、相談した」

「引き取ってもらえんかな、姉さんに」

「て、いう話なんだがや」

代わるがわる、呼吸ぴったりに二人で迫ってきた。

疋田遼氏は洋子社長の一人息子だ。つまりは双子の甥で、長良電装の取締役に就いており、次期社長と決まっている人物である。

「株を引き取れって、私がただで受け取ると贈与税がかかるがや。それとももしかして、買えっちゅうんか」

驚いて問い返すと、バツが悪そうな顔を見合わせ、弟たちがその通りだと口の中でモゴモゴと肯定する。

洋子社長にとって寝耳に水、青天の霹靂の申し出だった。

瞬間、怒りが込み上げた。

よりにもよって、何て、ふざけたことを言い出すのか……！

そこに雄太が言葉を重ねる。

「五百万円ずつでええんだけど」

彼女はキレた。

「なに言うとるだ！　あんたらの株は父さんから貰ったもんだがね。そんで、あんたらの子どもが相続の時に困らんように、そのぶんの金も渡してあるじゃにゃあか。そんで足りんくなったら、いくら欲しいか言えばいいがや。私が貸したるがね！」

まくしたてると、弟たちは弱り切った表情を浮かべた。

「それは十分わかっとる。姉ちゃんには感謝しとる。けど、金の問題だけじゃないんだがや。もうええんじゃにゃあかって思って。聡太も俺も。俺らの家族は会社と関係なく東京で生きとって、将来も名古屋へ帰ることはにゃあで……」

雄太がおずおずと反論した。洋子社長はその意見を強く却下した。

「いいや。だからこそ、だがね。あんたら東京で暮らしとってバラバラになっとるみたいでも、お父さんの起こした会社は孫のそのまた子どもの代になっても家族で守ってく。家族っちゅうのは、そういうもんだがや」

「うん、そう。わかっとる。だから、考えといてほしいんだが。急ぐ話じゃにゃあで、な、今日のところは」

それ以上、姉を怒らせてはいけないと考えたのだろう、聡太がなだめるように言って引き取ったという。話を切り出す前から頭ごなしに自分たちの提案が却下されるとわかっていたから……とは、後に私自身が彼らから聞いた言葉だ。

姉弟は、家族たちが賑やかに繰り広げる正月の宴会に戻った。だが、彼らの間には、六十年で初めてのぎくしゃくした空気が生まれていた。

それは二度と消えることはなかったのである。

血縁ビジネスの定義

終わりの始まりだった。仲が良かった家族の、だ。

家族崩壊劇の第二幕の開演は、半年後の夏休みだった。

帰省した弟たちが再び自社株を買い取ってくれと頼んできたのである。洋子社長は再び拒絶する。

しかし今度は、弟たちも姉の一喝ですぐには引き下がらず、さらなる説得を試みた。

「あれからカミさんらと話し合ったんだわ、何回もな」

「うん、四人で集まってな。ほんで、どう考えても株を持っとるのは不利ちゅう話になったんだが」

「姉さんはええがや。株を握っとる会社から給料を受け取っとるんだろう。ところが、こっちはその会社を維持するために高っかい税金払わないかん。そりゃあな、俺らは育ててもらったっちゅう恩義もあるから、多少は頑張ってもええけど、実際には負担は子どもたちがすることになるんだがや。あいつらには関係ないのに」

それが納得できないのだと言う。

さらに――。

金額が変更されていた。一人二千五百万円。以前の五百万円は安すぎた。決算の結果から株価を概算してみるとそういう結論になり、もう少し高値にしたらしい。

対する洋子社長の言い分は。

以前の主張を繰り返すのみだった。

先代である父が自社株を三人に分散して引き継がせたのは、何があっても家族で会社を守ってほしいとの思いからだ。自分が始めた新しい時代を血縁の絆で前に進めてほしいと。

だから相続の配分を決めるとき、後継者である自分に相談があり、自社株以外の財産は、違う職についた弟たちが将来相続税を払う備えとして姉よりも多い額にする、と決めた。

そんな事情ゆえに、弟たちの子にも孫にも一族の開拓者だった創業者の意志を継ぐつもりで自社株を維持し続けてほしい。

ただし、会社の成長に比例して将来の株価と相続税が上がっていくのはわかっていて、負担が増えるだろうことも理解している。長良電装は亡父ですら想定し得なかったなかったただろう成功をおさめつつあるのだ。だから税金の分は自分が貸す。無利子無担保、返済の必要はない。

時間をかけて話し合った。

だが解決しない。主張がぶつかってお互い譲ることなく、もの別れに終わった。

騒動は、三度目の交渉になって大きく様相が変わった。

同じ年の暮れ。問題が起こってから一年が経とうとしていたころである。一通の封書が洋子社長のもとに届けられた。

半年間、弟たちからも、彼らの家族からも連絡がなかった。

親に止められていたのだろう、甥、姪、その子どもまで、以前なら月に何度かは電話があったのに、ぱったりなくなってしまう。

洋子社長は、その仕打ちを理不尽だと感じた。

自分が間違っているとは一度も考えなかった。弟たちの言い分こそおかしいのだと。

封書の差出人は「カワダ法律事務所　弁護士川田篤志」となっていた。

簡潔で短い、たった三行の文面には、弟たちの代理人となった自分が、今後は自社株売買のための交渉を行うといった主旨のことが書かれていた。

――弁護士が間に立ったのである。

思えば、初めて訪れた姉と弟たちの力関係の変化だった。

彼らの母親は早くに亡くなった。

洋子社長が二十歳の時であった。地方の資産家の娘として育てられ、いわゆるお嬢さん短大を卒業する目前だ。弟たちはまだ小学生だった。以来、母親代わりとなって双子の面倒をみた。金銭的に何不自由なく暮らしてはいたが、父は再婚せず、母親から得られたはずの愛情は知らずに育つ。

高校を卒業して家を出ていくまで、彼らは姉に対して反抗らしい反抗をしてみせることはなかったという。

ずっと仲の良い姉弟だと思ってきた。

ところが、後になって我々にもわかってきた事実によれば、それは一方的な見方だった。実際には、姉が絶対的すぎて、弟たちは言いたいことがあっても我慢していたらしい。

洋子社長は、連絡が途絶え、さらに代理人が出現するに至って大きなショックを受けた。

法律が、赤の他人が割り込んできたことについて。

ことここに及んでは、もう当事者同士でどうこうできる範囲ではない。

正式な交渉となったからには、こちらも代理人を立てなければならない。

息子の次期社長・疋田遼氏と顧問弁護士に相談した。

一部始終を知らされた二人は、それぞれの理由から、自社株の買い取り交渉を進めるべきだと主張した。

遼氏は、会社の将来を心配するゆえであった。

弁護士の考えはこうだ。

まず、向こうの通告通り、今期の決算が終わり、来期が始まったあとのどこかで価格交渉が始まるだろう。

いままでよりかなり大きな金額が請求されるはずである。

理由としては、もともと株価に対して低すぎる金額が提示されてきたことがある。きちんとした計算をすればもっと高くなる。

もうひとつ、弁護士が間に入ったから、でもある。彼らは成功報酬を得られるから、価格が高ければ高いほどいい。

万が一、交渉がこじれれば、裁判所にお世話になるかもしれない。種々の要素を鑑みて、結局この件を治めるには、自社株を買い取るしか道はなかろう。

洋子社長は、肩を落とした。

目の前の二人が、以前の家族の状態へと戻す作戦について少しぐらいなにか考えてくれないか、と期待していたのだ。

つまりは、弟たちの希望した通りにすべては運ぶわけだ。

彼女が長い間、守ってきたはずの絆は、そのための努力は、もう誰の賛同を得られることなく消えようとしているのだった。

はっきりと思い知らされた。

父との絆や、家族の情で会社経営をどうにかする時代でも世の中でもなくなっていたのだろう。

もしかしたら、ずっとこのことについて弟たちと話し合ってこなかったのが悪かったのかもしれない。争いが始まって以来、そんな後悔がずっと心を離れなかった。

だとしても。

苦い想いがこみあげた。

自社株を買い取るのは、血縁のつながりを断つに等しいのではないだろうか。家族の終焉だ。

その点で彼女は正しかった。決して大げさな感傷ではなかったのだ。

盆暮れ正月の集まりから二つの家族が抜けたのである。二度と顔を出すことはなかった。世間一般の常として、弁護士同士で相争うようになってしまうと、家族といえども以前の親密さを保つのは非常に難しい。

＊＊＊

——五百万円か、惜しかったかな。

ここまでのいきさつを聞いて、最初に私の頭をよぎったのはそんな感想だった。

一九六〇年代に彼らの父親が起業した当時、資本金は百万円だったという。もちろん、それと比べれば、五百万円は大きな金額ではある。

弟たちが保有する株は一〇パーセントずつ。価格が五百万円ということは、全体で五千万円となる。企業当初と比べれば五十倍。つまり長良電装は五千万円だ。

いやいや、そんなわけはない。

もし長良電装が昔と変わらずこじんまりと、あるいは長引く不況のあおりを食って青息吐息の経営状況に陥っており、下手をすると事業縮小などしていたら、経済がどうのという前に株価は下がっている。

だが。

会社は年商が数十億円ではきかないほどに成長している。

業績がよければ企業価値は高まり、株価が比例して上がる原理は、上場して株式を公開していようといまいと同じだ。それが株式会社というシステムなのだから。

この日、洋子社長との最初の面会で決算と株価の数字は我々に明らかにされていなかったが、五千万円程度の価値の会社ではないことはおおよそわかっていた。

私がさまざまな企業と仕事をしてきた経験からおおざっぱに見積もって、この会社を買い占められるのがその四十倍程度の金額であると目算をつけた。

つまり、自社株の合計額は二十億円あまりか。十パーセントなら二億円となり、五百万円で買うと一億九千五百万円引きの大バーゲンセールとなる。

株の売買価格の決定が、上場と非上場とで違うことは誰でも知っていることだろうが、個々の会社の実情を反映するのは非上場のほうである。

上場の場合、市場に公開された株式は、それ自体が商品として流通している。するとどうなるか。発行する会社の業績に加えて、国内外の社会経済状況、市況全体の動向が大きく作用して、他の企業の株とともに付和雷同的に価格が上下する。取引がコンピューターを介して行われる現代では、その傾向がより一層強くなった。

新たな方向性も生まれている。

以前のように証券会社を通して購入する方式ではなく、ネットで直接、株取引に参加する一般人が多くなった事情からだ。

実際にアメリカで起こった出来事がある。彼ら「素人」同士が連絡を取り合って、業績不振企業の株を一斉に購入した。「買い」が増え株価が上がる。市場動向を自動で反映するコンピューター取引システムが追随し、より値段が上昇した。そこで最初の仕掛け人たちが株を売れば大儲けとなる。

彼らに言わせれば、長らく大手証券会社などが牛耳って甘い汁を吸う場となってきた株式市場を庶民の手に奪い取る挑戦なのだそうだ。

これには賛否あろうが、少なくとも以前と違う形態になったのは確かだ。

一方、そんなサイバーな激しい株取引革命とは無縁の日本の中小企業の株価はどうか。非常に落ち着いたものである。

洋子社長に弟側の弁護士が知らせてきたように、非上場企業の株価は、毎年の決算に基づいて複雑な計算が行われることによって弾き出される。が、年度ごとに大きく変動はしない。新興ベンチャーならいざ知らず、売り上げが伸びているといっても、長く商売をしてきた企業が、急に年二〇〇パーセントの成長などはしないからだ。

この株価は、経営者や税理士以外、第三者のあずかり知らぬもの、というケースが多いが、秘密ではなくて、価値があると言えない情報ゆえに伝わる理由がないだけのことだ。知って得をする人間はおよそいない。

むしろ株価の上昇によって二人の弟のような株主が相続で困った状況におかれてしまうネガティブな部分のほうが際立つほどだ。

少し脱線する。

一般的には、非上場株式会社の自社株を保有することにまったく利益がないのだろうか。それが、ある。原理的には存在する。業績好調であれば株主に配当があるはずだからだ。が、現状はそのようになっていない。日本社会では、多くの中小企業が儲かっているいないを問わず配当に無関心であり、おそらく株主のほうもそれを得る権利があるなどと考えてもいない状況にある。

長良電装は、毎年ではないが株主配当を支払ってきたという。ずいぶん真面目だ。

ここで心にとめておきたい重要な構図がある。

〈配当を株主に払ったのは会社であって、洋子社長ではない〉

という部分である。

話は最初から血族間の争い事として扱われており、我々への相談の切り口もそのようなものであったが、実際には、公の存在である会社が十分に関与してきたのだ。

当たり前の事実として、配当金とは、姉がポケットマネーから弟たちに渡してきた小遣いではない。会社が株主に分配する利益だ。

だから本来、長良家を継ぐ者としてではなく、洋子社長は会社を代表する経営者として我々にこの相談をすべきなのだ。

ところが、問題全体が血族の内部で終始している。

長年、公私の境い目が曖昧に混濁した様相を呈してきたのだ。

話を私の頭の中に戻そう。

実情に合わないのが「五百万円」だ。

最初に持ち出され、以後まったく顧みられなかった金額。どこから出てきたのか。私の仕事に関連しない野次馬的な興味でしかないのだが、後になって興味を抑えきれず聞いてみると、洋子社長はわからないとのことだった。

さらに直接弟たちに会った際に聞くと（私もしつこい）、「だいたいそんなものかと思った」と答えが返ってきた。根拠はないのだ、と。

それなら納得である。

ただ、彼らによれば、一応の理屈はあったらしい。

自社株を姉に戻すにあたって、無償では姉に贈与税がかかってしまう。だからタダではだめだ。かといって彼らに儲けようとの意図はそもそもなかった。手放したい一心だったのであって、あまり高い値をつけるのは考えものだった。

相談した結果、「でも、あまり安すぎるのも変だし、キリのいい数字」と思って決めたのだそうだ。

おかしな理屈なように聞こえて、案外、「任意の価格」も、非上場株式の特徴ではある。原則によれば、株価は業績によって決まるため、上場株よりも会社の実情を反映する確固としたものになるのではある。

だが、我々がたずさわった自社株売買の実例では異なることが多かった。ほとんどが交渉によって決着してしまうのだ。それも、買い手である会社側がリードする形で。

これは不思議でもなんでもない。考えてみれば当然の形態で、経済の法則に従っている。つまり、買い手が多ければ値段が上がるし、誰も買わなければ下がるのだ。

非上場株は、一般に売られていないから買い手はいない。

誰かが（あるいは会社が）名乗りをあげれば、それが唯一の買い手だ。買い手と売り手が一対一である。すると、いわゆる買い手市場となる。金を払う側の言い値か、少し上乗せした価格で取り引きが成立してしまう。

そもそも、保持していた側にしても、売買という以前に、自社株を商品と考えていたかどうか、金銭に変換できる品と認識していたかどうか疑わしいことが多い。

なんらかの理由で長らく保持していた非上場の株式は、

〈ただ持っているだけ〉

〈処理できるとは思わない〉

しかも、

〈相続税を払わなければならない〉もの、という位置づけだったりする。

それが、いくらかでも値段がつき処理できるのなら、儲けもの、ですらあるのかもしれない。

……本当に、株価とはおかしなものだ。

上場された株式の株価が企業の実態を必ずしも反映しておらず、非上場の株価は売買金額の「値段」ではないのだから。

以上が前提としてあるにしても、弟たちが提示した五百万円は素っ頓狂に安価だった。お話にならないぐらいの金額だったのだが、もう少しこのまま続けて考えてみよう。こじつけのようになってしまうが。

決算の数字と関係がないのなら、相続税で払う額との比較ではどうだろう。

先の私の見積もりでは、弟一人分の株価が二億円あたりとした。現在の税制で計算すると、相続人が妻と子ども二人であり、自社株のみが遺産だとしても、相続税は一千万円を下らないことになる。

長良家があたためてきた計画では、弟たち家族が税額の一千万円を払うことはなく、実家から提供されることになっていた。

内訳は、先代から弟たちへの遺産と株主配当であり、それでも足りなければ洋子社長が補填する。

三つのうち、最後は「万一のお金」だから計算に入れないとして、では前の二つとして支払われたお金はなんなのか。端的に表現すると「相続税の仮払い」であって、弟たちの所有というより預けられたものだ。

だが、自社株を売却するならば、すべてが彼らの本当の財産になる。

そこに五百万円ずつ加算されるわけだ。それは株価としてだけみれば非常に安価だが、弟たちの儲け全体はもっと大きいのだと考えてもいいだろう。

洋子社長側にとっては、なにやら支払い超過にも思える。

ところが、次の世代まで考えに入れると、別の計算が成り立つのだ。

弟たちの子どものさらに子ども、つまり孫に株式相続の番がまわってくる未来である。

それも洋子社長は負担すると断言してしまっている。

相続税はより高額になっている可能性がある。もちろん下がるかもしれないが、それならそれで心配は無用だ。こんな計算をするのは上がる想定をするからである。

未来の納税時には、負担が重くなっているはずだ。

なにしろ、現世代にはあった創業者の遺産という、仮払い分がない満額支出状態になってしまうからだ。

洋子社長が弟の子どもである甥や姪、さらにその子どものために遺産を残すなどということは、たぶんないだろう。

結論として。

遺産と配当があったにせよ、プラス五百万円（×2）でいまのうちに株式相続のサイクルを終わらせられるなら、支出は少ない。

やはり安い。五百万円は。

＊＊＊

「もう、イヤだがね！」

洋子社長の叫びに近いぶちまけは、ここまでのしめくくりとして飛び出した。

と思ったら、次の瞬間に一転、応接セットのテーブルに用意されたお茶を一口飲み、悪びれる様子もなく晴れやかな笑顔を取り戻してしまった。

明るい声で、

「ほんで、こっから先は息子を話に加えたい思うんだがね。ええかね」

と訊ねながら、すでに右手は電話にのびている。

私は、

「ええ……」

言いかけた言葉を飲み込む。この人にこちらの答えを待つ気はないのがわかったからだ。

「あ、私です。専務をここへ呼んでください」

秘書か社員か、内線に出た相手に向かって簡潔に伝え、受話器を置く。

そして再び目をあげ、こちらを見て、

「息子が株の処分法について勉強してな、どうせ買い取るなら、私やこっちの家族の名義にするのはやめて、相続の心配なんか二度とせんようにするってことになったんだが」

と説明する。

フェーズが改まったのだ。

自社株所有が〈私〉から〈公〉へ。家族の揉め事から経済活動の一環へ。

「で、私はもうこの件にタッチせんほうがいい気がしたんだがね。こじらせたのは私の責任だで。だからあとのことは息子から詳しく聞いたって」

「わかりました」

ついつられて、名古屋弁のイントネーションで答えていた。

世代交代はテクニカルに

社長室のドアをあけて入ってきた次期社長・遼氏は、意外な服装をしていた。上下ともに濃紺の作業服だったのだ。

それについて、よく問われるのかもしれない。私が由来をたずねる前に、

「すみません、これが一番、仕事用のユニフォームとしてしっくりくるので」

挨拶がすむと、自分から上っ張りを引っ張って笑いながら説明をした。

とはいえ、工場でも持っているなら別だが、長良電装は先代でも、ごく初期の起業時にあるいは製造に関与したこともあったかもしれないが、長らくそういった工場経営などの現場に関連する業態ではない。なのに、なぜ次期経営者が作業着なのか。

洋子社長が解説を添える。

「この人、理系の大学を出て、メーカーに就職してしばらく働いとったんだがね。で、十

年ばかり現場にいたあと、うちに入って経営を始めたの」

「修行時代があったんです。これは、その名残りで。通勤はスーツなんですが、仕事を始める前に着替えるんですね。で、作業着になると仕事モードになるというか、気持ちが引き締まる」

短く刈り込んだ頭髪、引き締まった中肉中背、浅黒く日焼けした顔に黒ブチの眼鏡。確か四十代の前半だ。

私は、多くの会社との仕事を通じて、さまざまな内輪話にも触れてきて、一般に思われているよりは会社を危うくする三代目が多いことを知っているのだが、実際に会って話した遼氏にはそういった〈放蕩息子〉な雰囲気など微塵もなかった。

たたき上げの実務家の物腰である。

前置きは服装についてだけ、他に雑談らしい会話はなく、

「母からあらましはお話ししたのですよね」

と、いきなり本題に入った。

「ええ。弟さんたちが代理人を立てられて、弁護士を通じての交渉になった、というあたりまで」

次期社長は少し困ったような顔をした。

「こちらも顧問の弁護士に相談しました。とはいえ、正直言って、うちの先生は経営や株などといった事柄に明るいわけではないのです。私も技術畑の人間ですから、どこのメーカーが優れた製品を作っていて、別の会社とのマッチングでうまくいくだろうといった意味でのビジネスならばうまくやれる自信があるのですが、自社株などにはまったく不案内で……」

そのせいで、現社長、しかも母親が窮地に陥っている場面で何の助けにもならなかった自分を恥じているという。

私は、なぐさめとなるかどうかわからないものの、声をかけてみる。

「私が経験した範囲で言わせていただきますと」

気に病むような状況ではない。むしろ当たり前なのだ。

「御社に限ったことではありません。むしろ、自社の株式がどうなっているか、詳細を把握していない会社さんは多すぎるほどなのです。必要になって調査してはじめて事実が判明する。彼らの多くは、なにかの局面にぶつからないとそのまま興味を持つことすらないで過ごしていくでしょう。そして『局面』とはほぼ相続なのです」

遼氏が黙ってうなづいた。

「そもそも、専務がいまおっしゃったように、みなさん社業であるビジネスに力を十二分に発揮しており、自社株に使うリソースが残されていないのかもしれません。ですから」

……だからこそ問題が後になって爆発するのです、とは刺激的すぎて言いづらい。

「早めに手を打てたのに、との後悔は現実的ではありません。できなかったと考えたほうがいい。せめてより良い策をこうじる機会ぐらいあったはずなのに、とも思われるかもしれません。でも、現実には無理だったのではないでしょうか」

遼氏は緊張していた表情を少し緩め、洋子社長と顔を見合わせる。

「専門家の方にそうおっしゃっていただけると、安心できます」

彼の真摯な態度に敬意をはらわずにいられなかった。

「私たちをお呼びになったのであれば、以前のように野放図な状態にしておかない決意がおありなのだと思います。そして、その道を進むなら、会社の未来に向けて間違いなくプラスになります」

私がそう強調すると、遼氏は、それが彼の癖なのだろう、何度目かの黒縁の眼鏡を指で押し上げる仕草をし、ひとつ咳払いをして自分の話を続けた。

「母と叔父さんたちの間でもめた後の展開を説明させてください」

もめた、とは肉親に対するにしては、なかなかドライな表現である。

「私が母にこの問題から身をひいてもらったのは、まずひとつに、姉弟としての話し合いの段階を越えてしまっていると結論づけたからです。そもそも、事情を聞く限り、私にはどちらの言い分も理解できませんでした。血縁とはいえ、会社と関係のない人間に自社株を持たせ続けたいという祖父と母の想いは、『ビジネスにそういうの持ち込まないほうがいいんじゃないの』と感じますし、叔父さんたちのネガティブな未来予想だって、会社が税金の面倒をみるっていうなら任せておけばいいのではないか、わざわざ波風立てなくても、と思う。現状で不都合は起きていないわけですからね」

私は黙ってうなづき、洋子社長はコーヒーカップを見つめ、ただ聞いていた。

「でも、始末をつけないでいられないほどにこじれてしまった。幸い時間的な余裕はありました。叔父さんたちの代理人は、すぐに決断すべき要求を出していたわけではありませんからね。なにしろ、うちの決算が終わらないと正しい株価は計算できない。お互い動きようがないわけで、私はその間を利用して勉強したのです」

「勉強ですか」

遼氏の生真面目な風貌に似つかわしい単語が飛び出した。

「ええ。本質的な問題がなんなのか、理解すべきだと思ったのです。不案内な分野を知ろうとすれば、それは勉強であり、研究と呼んでもいいでしょう？」

そんな表現をするクライアントは初めてだった。

自社株の研究とは。

初対面から率直で思い切りのいい母、そしてこの息子。失礼な言い方かもしれないが、じつに興味深い親子だ。

遼氏は早口で続けた。会話はキャッチボールでするよりも、自分の言いたいことをぶち撒けるタイプ。相槌で促さなくても言葉は流れ出る。

「私は、恥ずかしながら自社株がどうなっているか、詳細を知らなかったのです。将来会社を継ぐことになっているのにです。母から譲り受ける分が七割。これは十年ほど前から私への贈与が始まってます。それだけ経営者が株主として持っていれば、外部からの圧力があっても滅多なことは起こり得ないのはわかってました。あ、少なくとも株がらみでは、ですね。言い訳めくのですが、私にはそういう理由で実情を知る必要が感じられなかった。株の譲り渡しについては母と顧問税理士の先生任せでした。余計な口を出すまでもなく会社はスムーズに私の世代へ移行する、と思い込んでいたんです。ですが、違っていたらしいことがわかってきました。だから勉強を始めなければ、となりました」

彼は洋子社長と非常に似ている点がある。まっすぐに相手の目を見て話すのだ。

「スタートはまず情報収集でした。というとおおげさな感じですが、つまり母と弁護士先生、税理士の先生にざっと様子を聞いたのです。その結果、会社の存立と血縁の情が絡み合っているとわかりました。驚きでした。はっきり言って、もっときちんとしていると想像してたんです。だって、両者は別物なのに、お互いに影響を与え合う関係になってしまっている。私の目にはその関係が健全でないように見えました。ビジネスはビジネス、家族は家族、のはずでしょ。ただ、さきほど申しましたように、私はこの類の問題に不案内なので、もしかしたら世の中はそんな風に割り切れない作りになっているものなのかもしれない、おかしいと感じる自分が常識はずれなのかもしれないとも考えたのです。だったら、結論を出す前にさらなる情報を得る必要がある。他社の例を探ることにしました。条件は、非上場でそれなりの歴史を経た中小の株式会社です。また、うちと同様、業績が好調でなければならない。同族経営であることも、ですね。そのように用件をリストアップしていると、ある問題に気づきました」

そうだ。私も気づいた……。

「株式をどのように血縁に渡すか、おおっぴらに外へ向かって発表する会社がそんなに多くあるだろうかと。実際問題、ネットや書店で探しても、手に入る情報は相続税と贈与税の節税メソッドのみでした。私が望む具体的なストーリーは見つからなかった。それはそうでしょう、我が身を振り返ればわかる。叔父さんたちとの騒動はもちろん、節税のために母から私に自社株がすこしずつ受け継がれているなんて事情さえ、外の人間どころか社内でさえ吹聴はしていない」

だから、誰もが聞きかじりのテクニックでなんとか対処するしかないのが、長年、この国の自社株・事業承継の形態であった。極論だが、もしその部分がオープンな問題提起としてなされていれば、長良家の騒動も起こらなかったかもしれない。

「公にアクセスできる情報がないならば、直接誰か、経験者や当事者に事情を聞くことを考えました。母はたいへんに広い人脈を持っているので、そのツテで、知り合いのオーナー経営者の事例を知ることができるかもしれない。けれど、また懸念が生まれました。先ほどの情報収集をしたいと考えた前提条件を覆すようですが、それが果たして私にとって役にたつ情報たり得るのかと。うちはうちの家族構成と血縁関係によって、このような状態になっていますが、他のオーナー経営者と家族とではまったく事情が違っているはず。俯瞰して抽出できるようなメソッドを見出すなど可能なのか。ようするに無駄な行動ではないかと。他人の会社の台所事情だけでなく、血縁関係についてまでずけずけと知りたがるような真似をするのに、ですよ。さらに」

遼氏は、事前に考えを巡らせるタイプであるらしい。

「実際の会話が私の頭の中で成立しないのもネックでした。相手の内幕をたずねるからには、なぜ株式の譲渡について知りたがるのか、打ち明けなければ公平ではない。その内容とは、叔父さんたちが株を買い取ってくれと言ってきた、最初は安価だったが断ったのでかなりの額になりそうだ、家族は分裂しそうだし、自社株をどう処置すればいいかわからない、などというものでしょう。ちょっと打ち明けづらい」

真剣・深刻であることを重々承知の上で、彼が口にした思考の道筋はとても面白かった。つい本音を口にしてしまった。

「大変興味深いお話です。多くの企業様の自社株譲渡にまつわるお手伝いをさせていただきましたが、専務ほど詰めた考えを率直に表現される方はあまり記憶にありません。確かにおっしゃる通りで、クライアントの方々にとって、この問題は企業の、というよりも親類などごく近しい人間関係にまつわる厄介ごとと捉えられているようで、あまり表沙汰にはなりません。加えて、最終的に問題が落ち着けば二度と煩わされない性質がありますので、さらに外に伝わる可能性が低くなる。まあ、身内のごたごたをよそ様にわざわざ吹聴する経営者など、あまり褒められたものではないとすら言えるかもしれませんし」

洋子社長がうなづく。

「ほらほうだわ。面倒起こしてなくても自分とこの株の話なんかしとる社長さんに会ったことないがね。だいたい、そんな話題、誰も面白がらん」

一刀両断する言葉に、遼氏が苦笑した。

「ええと。いや、母の言う通りなのでしょう。それでも一度だけ、母の知り合いの経営者に会ったんです。私より十歳ほど上で、しばらく前に先代から経営を引き継いだとのことでした。自社株について参考意見を聞かせてほしいという名目です。結局、血縁だとか身内だとかに配分された株の話題までは突っ込めなかったのです。その分の成果はなかったのです。叔父さんたちとの交渉やその後の処理について、などですね。ただし、かわりにいい情報を得ました」

——自社株をマネジメントする。

たまたま、だった。彼が話を聞いたのは、まさに数年前、我々が関わった会社の三代目社長だったのだ。

その時、遼氏は、バラバラに保有されている自社株を会社が買い取り、それを保有・管理のための一般社団法人を設立する我々のスキームについて教えられ、魅力を感じたという。

「それだ、と思いました。理想的でしたね。自社株の管理をする法人に任せきりにできれば、相続によって発生する煩わしさから解放される。当初だけは手間と資金がかかるとしても、長い目で見て有利になるに違いない、と計算ができました。それで、弊社にもこれを導入しようと決心したんです」

最大の難関は、洋子社長の説得であるだろうと予想された。

それはそうだろう。彼女が血族による自社株所有を早々に放棄していればこんな事態にはならなかったのだ。

一瞬だけ、洋子社長は会社を家族から切り離すことに反論した。弟たちとその家族に自社株を保有させ続けることが無理なのは明白だったが、ならば、買い取る自社株を血縁内の他の者に託せないか、と主張したのだ。

だが、そんな抵抗は長く続かなかった。将来のどこかの時点でまた悶着が起こり、家族が、さらに場合によっては会社まで巻き込んだトラブルになるとまた困ってしまう、との遼氏の言葉に納得したのだった。

家族の絆を保ちたければ、いくらでも別のやり方があるでしょう、とも言った。厳しいビジネスの現場を戦い抜いてきた有能な経営者である彼女が、「より間違いのない未来」を選択するまでに要した時間は、ごく短かった。

さっそく、一般社団法人による自社株管理スキームの情報をもたらしてくれた経営者に連絡を取り、我々へのコンタクトがはかられた。

着手！

長良電装との面会を果たした夜、春日井とミーティングを持った。

名古屋駅と並ぶ市内の繁華街のひとつ、「栄」の街の端っこに我々の事務所はある。

うちの会議室は、洋子社長が対応してくれた、洗練の極みにある応接室とは違うけれど、各地各所とのリモート会議や、少人数が集まっての勉強会、あるいはちょっとしたセミナーぐらいならこなせる先端的なものである。

また、我々の顧客は繊細な心配を抱えている場合が多いため、なるべくリラックスした状態で迎えたい事情があるから、テーブル・椅子に至るまで、専門のコーディネイターに相談し、緊張感を強いないような什器を揃えてある。

そんなわけで、社員はアルバイトも含め、この部屋が大好きだ。勝手知ったる我が家、という以上に居心地のいい理由があるわけだ。

ミーティングには、我々二人の他に、我が社随一の切れ者、秘書役からイベントのセッティングまでなんでもこなす天白玲香も参加していた。

学ぶことに貪欲で、仕事の内容も進め方もあらかた頭の中に叩き込んでいる。おそらく、案件を任せても主導的な立場でうまくやれるだろう。ただし、惜しむらくは、法律や税制の専門的な教育を受けていない。大学で文系の社会科学を専攻し、卒業後に簿記の専門学校に通って資格を持っており数字には強いが、この業界では他に必要な知識が多く、今後、身につけていかなければならない。

ともあれ、彼女がいると多くのミーティングにおいて会話が活性化するので、とてもありがたい。確か社会に出て十年にもならないはずだが、案件の全体を把握して的確な意見を述べる能力は、老成とも一種の才能ともいえるだろう。

ミーティングは、まず、長良電装の自社株を管理する法人設立プロセスの確認から始まった。

自社株管理法人を設立するためには煩雑な手続きがある。長良電装の場合も例に漏れず、これから長い道があり、託された我々の前にタスクが山積みになっている。社内で、またクライアントとともに、これから何度も確認しながらプロジェクトは進んでいく。

着手したばかりのこの時期には、まず、おおよそのロードマップを共有する。いつまでに何を達成する、といったようなものだ。ほとんどの場合、この段階での見通しが現実にはならず、常に書き換わる予定であるが、かといって予定なしの徒手空拳でプロジェクトを始めるなど不可能であるから、できるだけきっちりと決めておかざるを得ない。

その意味で、長良電装は特殊なケースではなく、特に問題なくミーティングは進んだ。

さらに。

いわばそういったルーティンの他に、私には、ぜひとも話し合って共有しておきたいポイントがあった。

クライアントの状態をどう考えるか、である。

長良電装に起こった、言ってみれば「株の押し付け合い」は珍しくない。正反対の「株の奪い合い」と同様に、往々にして見られるケースだ。

では、長良家固有の要素はないのか。

いや、ある。と私は思うのだ。

春日井の考えを聞くと、

「制度の犠牲者って部分すね」

そのような指摘が返ってきた。

「先代は、姉弟と、彼らに連なる血縁で会社の礎になって支えてほしいと願っていたわけじゃないすか。洋子社長は経営と一緒にその願いも引き継いだ」

そうだ。しかも、おそらく、「願いを引き継いだ」のは、姉だけではないだろう。確かめた訳ではないが、今日の面談で聞いた内容からすると、弟たちだって、以前はその点を承知していたように思える。

私の考えを言ってみた。

「弟たちは嫌ならもっと前に文句を言ったんじゃないか。数十年、自社株を保有し続けたってことは、父親の遺志を継ぐつもりがあったんだろう。そもそも別に難しい業務をするわけじゃないんだよ、自社株を持ち続けてても。会社のあれこれに煩わされたりしないしさ。ようするに、ここに来て問題となったのは、税金だけだろ、端的に言って。相続税の心配がないなら、わざわざ姉とコトを構えなかったんじゃないか」

春日井が頷いた。

「つまり、税制がこんなじゃなければ、誰も悩まなかったと。不条理ですよね」

黙ってパソコンにメモを取っていた天白が、ふと言葉を漏らした。

「お話をうかがった印象だと、ご家族のみなさん、お互いに憎からずというか、普通の仲の良い関係のようですね」

言葉を選ぶように、ゆっくりと続ける。

「ただ、なんと表現するべきか、家父長制的でいいんですかね、あ、現社長さんは女性ですから『父』はおかしいですが、自社株と会社の承継に関連するタスクのベクトルが上から下へ一方通行で硬直しているから、相続という新たな局面に対応できず破綻をしたのかなって」

「もっと話し合っておけばよかったってこと？　以前から。腹をわって」

春日井が聞いた。

「家族断裂や自社株の買い取りに大きな金額が動く事態にならなかったかどうかはわかりませんけど、あるいは……」

二人の意見は納得できた。

いずれにせよ、長良家に起こってしまった事態が「やり切れない」という事実こそが存在する。私は、二人にそう感想を言った。

長良家の自社株の取り扱いについて過去は変えられない。ということは、現在も未来もある程度、決まっている。その点で我々にできることはないが、クライアントに接する場合、言葉や態度に表さずとも、こういった「気の毒だと感じている」部分は持っておきたい。それを我々の中で十分に話し合って共有しておきたい。

仕事に着手すれば、打ち合わせが多くなる。

会社の顧問税理士などから詳しい情報を得なければならない必要があるし、より「メンタル」な事情もある。

彼らの自社株は、長年、個人の所有として状況が変化せずにきたのに対し、法人がまとめて管理する形になれば根本的に異なってくる。

すると、中には落ち着かない気持ちになる人々がいる。本当にうまくいくのか？　将来、もっと困難な事態が訪れたりしないか？　経営者個人で自社株を保有するほうが安全なのではないか？　等々。

それらの疑問に具体例をあげて答えられるのは我々しかいない。メールや電話が頻繁に届く。自社株の整理にむけて対して進展がないうちに、会って話したいと何度も頼まれる。

洋子社長は、最初の印象通り、あけっぴろげで怖いもの知らずの性格であり、一度我々に任せた以上、不安は感じていないようだったが、何度も面会をすることになった。

理由は、七十歳を超えながらもなお尽きない持ち前の好奇心によるものだ。世間的に珍しいといっていい我々の仕事に興味を持って、より深く知りたくなったのである。さらに、遼氏から聞いたところによれば、我々の仕事ぶりを気に入ったらしいのもあったとのこと。

ともかく、実務をともなうやりとりでなければ（むしろ実務の場面に洋子社長はほぼ打ち合わせに参加しないのだが）、自宅（すさまじいばかりの豪邸だ。さすが代々続く豪農である）に招かれ、食事を摂りながら談笑する（洋子社長の嵐のような質問に答える）ほどの付き合いになった。

時に直接的過ぎる洋子社長の質問は、他の顧客のプライバシーを含む場合があり、困ったりもしたが、そこはある程度オブラートに包みつつ語っていった。

そうこうするうち、頼み込まれたのが東京での面談への参加だった。

長良電装との初めての面会からしばらく経って、法人設立の準備を着々と進めているなか、やっと決算期がやってきた。

以前の通達どおり、弟側の弁護士から、自社株買い取りについて具体的な相談を始めたいと連絡が入った。

平たく言えば価格交渉である。

その時、洋子社長が関係者を招集した。

私と春日井が長良電装の応接室を訪ねると、すでにメンバーが顔を揃えていた。遼氏と顧問弁護士、それに顧問税理士だ。

最新データに基づいた、現状での株価の報告を税理士が行う。

弁護士からは、折衝についての方針が確認された。

ミーティングの議題が出尽くすと、遼氏が

「ここから本格的にプロジェクトの始動ですね。短い道のりとはいきそうもありませんが、みなさん、なにとぞよろしくお願いします」

と頭を下げた。

すると、そのタイミングを待っていたかのように、それまで黙っていた洋子社長が口を開いた。

私の顔をまっすぐに見据え、

「弟たちとの交渉に立ち合ったってほしいんだがや」

と言う。

一瞬、全員の視線が彼女に集まった。遼氏も驚いた様子だった。そんな心づもりは聞かされていなかったのだ。

その時点までの説明によれば、今度の交渉に参加するのは、相手側から弟二人と弁護士、こちらから遼氏と弁護士、となっていた。洋子社長は行かない。もちろんどんな交渉であれ臆するような人物ではないが、ことこの件に関しては、遠慮してもらう。ようするに、その気があろうがなかろうが止められた、のであろう。

なぜなら、洋子社長は混乱のもとになり得るから。

現実問題として、自社株を買い取る以外の道筋がないのは明白である。しかし、この期におよんでも、打ち合わせなどの際に、彼女はまだ「父親の想いと家族の絆」を持ち出し話を混ぜ返す危険性がある。それを交渉の場でやられるぐらいなら前線には出さない、との遼氏の深慮からきた作戦だ。

私はその案に賛成だった。

姉弟とも、言い足りない部分、ぶち撒けたい不平不満はお互いにまだあるかもしれない。

しかし、自社株は、会社の存立に関わるものなのだ。家族喧嘩のネタにさせておかず、議論をビジネス上のやり取りへと脱皮させるべきだ。いかに敏腕とはいえ、古い時代のメンタリティを保ち続ける洋子社長の理屈は引っ込めておいてもらいたい。

と、いうあたりに本人も納得しているからこそ、名古屋でおとなしくすることになっているのだろうが、では、なぜ、我々が出張っていくプランが出現したのか。

確かに、この問題に精通している唯一の存在が我々ではある。

代理人として交渉にあたる弁護士は、こちらも二代にわたり長良電装の顧問を務める人物だ。家族ぐるみの付き合いがあって、長良家と会社について知らないことはない。長年、法律がらみのあれこれを一手に引き受けてきた。

弟たちの自社株を買い取るだけならば、彼と税理士の処理だけで十分であった。

だが、遼氏の目は未来を見ていた。買い取った自社株をどうするのか。また個人所有からスタートし、子へ孫へ、相続させる人数分だけ分散させ、叔父たちのようなトラブルへ発展する可能性を生み続けるのか。

ならば顧問の先生には専門外。

遼氏が辿り着いたのは我々のスキームである。知識・経験を持ち、より良き着地点へと導く能力がある。それを取り入れることにした。

とはいえ、能力はあるけれども、実際、我々は法律上の代理人同士の話し合いの場で口を出すことが許される立場ではない。明確に法律に触れる行為ではなく、後々法律上の係争に引っかかるわけでないとしても。

そして、我々でなければできないこと、言えないことも、おそらくはない。

交渉そのものの内容は、弟たちが持つ自社株をいくらで引き取るか、また、その価格の決め方について、で終始するはずだからだ。

洋子社長に、そんな懸念を伝えた。

「見といてほしいんだがや、これからの、自社株の件に関する全部を」

彼女は譲らなかった。自身が見出した〈意味〉を強調する。

プロジェクトを導くことができるのは我々だけである。なのに、長良家騒動の発端となった弟たちの顔も知らないままなのが不満だと。

仕方なかった。弟たちと相手側の弁護士の承諾を得られれば問題はなかろう。交渉の場への参加を引き受けた。

いまになって振り返ると、あの時点で、すでに長良家の信頼は得ていたのだと思う。それが、さらに踏み込んで身内扱いに変わり、新たな付き合いが始まったのだった。

春日井と再び意見のすり合わせをした。

相手側と直接会うのは想定外であり、それならそれで我々の意識を見直し、ブラッシュアップして交渉の場に参加したい、というのが彼の希望だった。

真面目な性格である。ルーティン・ワークからはみ出す依頼であっても余計な負担と捉えず、ひとつの学習の機会として経験するつもりだ。

私に異存はない。長良電装の案件を見直してみる〈おさらい〉もいいだろう。

天白玲香にも同席してもらう。うってつけの人材である。事態の整理に役に立ってもらおうというのだ。

ミーティングの主旨は、視点を変えること。

弟たちの立場で全体を捉え直す。

長良電装の案件において、我々の役割は、自社株管理の法人設立の手助けで終始する様相だった。自社株保有者（二人の弟など）との交渉は当事者同士で決着するものと考えていた。

洋子社長が希望したように、会談への出席によって我々の立場は微妙に変化する。だが、実際の役割は変わらないので、改めて準備するべき事柄などはない。

だから、あくまで参考的な意味でのブレストだ。勉強会のようなもの。

今後、別の依頼において交渉の矢面に立つケースもあり得る。そんな場合に、相手側の内面を想像できるかどうかは、スムーズで有利な解決への武器になるケースもある。

例え別の案件だとしても、現実に起こったトラブルを分析し直す機会を持つのは、経験や場数が多くものを言う我々のような「地に足のついた」商売にとって、決して無駄ではない。

そして、この時のミーティングから発した「問い」は、我々の中で育ち続け、後に、再び洋子社長が我々の仕事の場に登場した時に顔を出すことになる。

＊＊＊

東京・新宿。

新宿御苑からほど近い雑居ビルにある弁護士事務所に、交渉の出席者が集合した。

何度も話を聞かされていた弟たちの「実物」。代理人である弁護士。こちらからは遼氏、弁護士、私と春日井の四人だった。

まずは挨拶をかわす。

我々二人の立場はオブザーバー。売買された自社株をマネジメントする専門家であり、彼らの価格交渉には一切干渉しないが、洋子社長のたっての願いで成り行きを見守る、と遼氏が紹介してくれた。

遼氏に促され、自社株がどう処理されるのか簡単に説明をさせてもらった。弟たちは興味深げにうなずきながら聞いていた。その後、我々は、〈口にチャック〉状態で黙る。

初めての公式の交渉は、終始、穏やかなままだった。

当然である。よく考えてみれば、紛糾する要素がないのだ。集まった全員が自社株売買の賛成派だ。

そっくりな顔をした中年の双子。短い言葉しか発しなかったが、柔和な印象で、とてもあの姉と丁々発止やり合うようなキャラクターには見受けられない。

長良電装の代表としての遼氏。思いもかけず叔父たちと疎遠になっていったが、同じ側についている。

我々などにいたっては、すべての中小企業の散逸した自社株をさっさとまとめるべきだ、との立場である。

相手側の提示は一人一億八千万円。

こちらで事前に予想した額は、五千万円から最高二億円だったので想定の範囲内だ。

遼氏は即答せず、持ち帰って相談すると引き取った。

価格の他に、取引の進め方などを確認して、一時間ほどで面談が終わった。

それから二ヶ月ほど代理人を通したやりとりが進み、合意額が決定する。

一人一億五千万円、二人で三億円。

五百万円からはずいぶん値上がりしたものだが、本来の株価に対してはそれでも安い。

取引がまとまった後、しばらく経って、私と春日井は弟たちと話す機会を持った。

彼らの側からのたっての願いだった。長良電装の弁護士が間に立った。長年の顧問であるから、もちろん弟たちとも懇意にしており、連絡をつけられる立場だったのだ。

「気にはなっていたのです。父が起こし、姉が大きくして、甥によってさらに発展しようとしている会社がどうなるのか」

聡太氏が言う。

「場合によっては、私たちのどちらかが継いでいたかもしれない会社ですからね」

雄太氏が続けた。

「ただ、そうならなかった以上、自分たちの家族、子どもや孫の将来を思うと、株についてだけは処理しておくべきだと考えました」

我々は、大きく変わっていく会社の形態について詳しく説明した。事業には影響なく、いままで通りに仕事は進んでいく、とも。

安堵からだろうか、二人は同時にため息をつき、異口同音に、

「そうですか。安心しました」

というような言葉を発した。シンクロではないが、間違いなく息のあったハーモニーだった。それも気持ちのこもったものだ。

洋子社長が望んだ「家族の絆」から形は変化したが、私には、強く容易に断ち切れないつながりが生きているように感じられた。

税制が壊した家族。

もとに戻る未来はあるのだろうか。

ケース❷に対するソリューション

本件の元になったケースのように、株主より自社株の買い取りを求められた場合は、基本的にはそれに応じる他はないと覚悟を決めるしかありません。

なぜか？　大きな問題を二つあげておきます。

ひとつめは、価格です。自社株買い取りを渋って、もし調停等、裁判所や弁護士等が関与する事態になってしまうと、時価純資産額（一般的に社歴の長い会社は純資産の蓄積により高額となる）という株価に近い価格になることが多いため、高額になります。

もう一つもかなり深刻です。

株式会社には「定時株主総会の開催（招集）」が義務付けられています（会社法２９６条）。

これは上場会社と非上場会社とで違いはありません。

しかし、実際、私がこれまで関与させていただいた非上場会社で、実際に会社法に則って（定時）株主総会を招集・開催していた非上場会社は、全体の二〇パーセントにも満たないのではないかと思われます。

株主総会の招集すらしていないとなれば、株主総会「不存在確認」の訴えの対象となってしまい（同法８３０条）、何年も前の過去の株主総会が不存在となるリスクがあります。そこに会計帳簿閲覧等請求権（同法４３３条）、株主代表訴訟提起権（同法８４７条）をはじめとする少数株主権・単独株主権の行使のリスクも加わります。

難しい法律の用語が並びましたが、ようするに、これらの結果として、何が起こり得るのでしょうか。

例えば、会社役員の報酬。本来なら株主総会決議で決定しなければならなかったのに、その株主総会自体が「不存在」であれば、役員報酬も「不存在」である↓何年も前のものまで遡って報酬（の一部）を返還しなければならない、といったような最悪の事態になってしまうかもしれません。

以上によって、冒頭の「それに（買い取りに）応じる他はない」とは、本当は「買い取る絶好のチャンス」なのだと捉え、大きな揉め事へと発展する前に速やかに処理するべきなのです。

ケース❸ 養子社長の悲劇

また始まる

午後四時。疋田洋子社長から電話が入る。

「ちょっと聞いてほしい件があるんだわ。これから行ってもええかね」

我が社は相変わらず大忙しであったが、洋子社長は大事な顧客、しかもいつでも強引な彼女に断りの返事などできるわけがない。

一時間後、こちらへ来てもらう約束となり、携帯の通話を切った。

「今日は何なんですかね、洋子社長」

春日井がなぜか少しニヤつきながら尋ねてくる。

わからない。いつものことながら。

嵐のように現れて、自分の言いたいことだけをまくしたて去っていく。七十歳を超えたその年齢からは考えられないほどのパワー、スピード。「枯れ」という言葉があれほどに似合わない老年を私は他に知らない。

しばらくして現れた洋子社長は、いつも通り颯爽としていた。

我が社の切れ者・天白玲香をはじめとする女性スタッフたちが憧れる着こなしである。シンプルな色使いと上品なシルエットの抑えた雰囲気のスーツ。それに反するかのように、必ずなにか一点、ゴージャスなアクセサリーやスカーフなどによって華やかな要素を加え、ワンポイントとしている。

私や春日井がメンバーに加わることはないが、洋子社長の来訪後には、毎回、女性スタッフによる彼女のファッションを解析する会が行われるそうだ。たまたま外出して彼女の姿を目にできなかった者への報告も兼ねているらしい。

私などは、お客様の衣服についてどうこう噂し合うなど、失礼なのではないかと思ってしまう。けれど、彼女らに言わせれば、洋子社長だけは特別なのだそうだ。祖母並みの年齢ながら、ファッションリーダーであり、カッコいい大人の女の見本、あるいは教科書のような存在なのだという。

「言ってみれば、特別授業なんです。あの方のような女性と知り合える機会が、今後もそれほどあるとは思えないので、学べるだけ学んでおかないと」

ファッションだけかと思ったら、洋子社長の物腰、毅然とした態度も含めての魅力なのだという。

「すべてがクール」

なんだそうだ。

私にしても、洋子社長のそういったカリスマというかオーラ的な部分についてならば、理解できなくもない。多くの場数を踏んできた人生の先輩として、レベルの違う凄みのようなものを、時に意識せざるを得ない。

長良電装の自社株マネジメントに関して、つまり、ビジネスの相手として我々が彼女と直接やり取りすることは、まずない。

何事か相談や打ち合わせが時折り必要になったとしても、会社側のトップは次期社長・疋田遼氏である。

もちろん、最終的な決済を現社長がしなければならない場面はある。ようするに書類へのサインと押印だが、我々の感触としては、おそらくそれを除いては、疋田洋子氏は完全に一連のプロジェクトから身をひいた、と見ている。

……「我々の感触として」？

つい書いてしまったが、女子スタッフの〈勉強会〉に論評を加えておきながらも、ようするに、私と春日井も顧客の状況把握について意見を出し合い、ずいぶんとすり合わせをしている。

見方によっては、顧客の内心を推しはかるような側面もないではない。

ビジネスとプライバシーの両面にまたがった心配りをしてこそ、我々の仕事は成り立つのであるとはいえ、おおっぴらにクライアントに聞かれたら、嫌な顔をされる類の会話であることは事実だ。

やれやれ、である。

女性が他人のファッションを褒めるどころの他愛なさではないのである。

＊＊＊

以下に、洋子社長の〈事件後〉の様子について、我々の受け止めを少し詳しく書き記しておこうと思う。

洋子社長を橋渡し役に、我々が関与することとなった新たな〈承継にまつわる事件〉も、表面的には、まったく違う「顔」をしているが、実は、根幹の部分で長良家の紛争と似たような要素を持っているからだ。

いや、両者に限った問題ではない。それは、長い間、日本の非上場の中小企業のオーナー経営者たちが、誰に教えられもしないのに引き継いできた、典型的なメンタリティがなせるわざなのである。

そう、まさにメンタル＝想いなのだ。構造上の欠陥などではない。想いだけが、問題を複雑にしてきた。

ともあれ、疋田洋子氏に関する、私と春日井の推論はこうだった。

まず、単純なほう。

おそらく、彼女にとって、長年守り続けた信念——婚姻関係が間に挟まることがあっても、長良家では血族内で自社株を所有して会社の保全に勤める——が、自分と弟の代で早くも崩れてしまったことで、張り詰めた心の糸が切れた、あるいは逆に肩の荷が降りた、のではないか。だからこの問題について自分が主体であるのを、単にやめてしまった。

より複雑に考えると、こんな形になる。

弟たちが自社株を持ち続けたのは、姉との関係性によるところが大きかった。長良家の三人きりの姉弟は自社株を分け合うのだ、との固い信念を洋子社長が持っていたからこそ、弟たちも長年あの状態を受け入れていた。でなければ、とっくに放棄していたかもしれないと我々は見ている。

そして、それは彼女自身にも言えるのではないだろうか。

弟たちから自社株を買い取らねばならなくなり、我々への相談があって、「自社株一括管理法人」のプランが持ち上がった。あの時、彼女は、自分の保有する分をさしたる抵抗もなく、あっさり売却した。

「三人」が重要だったのではないか。この世にたった三人の血を分けた姉弟が。

買い取った自社株を、自分か、あるいは遼氏の名義にしておけば、「血族保有」の条件は満たせたはずだが、そんな主張をしたのは一瞬だけだったという。

しかし、もし問題が持ち上がらず、弟たちがそれぞれの子どもへ、孫へ自社株を受け継いでいくとわかっている状態だったらどうか。

そこで、例えば遼氏なりが自社株マネジメント法人の設立を希望したら、果たしてすんなり自分が保有する自社株の売却を受け入れただろうか。

洋子社長にとって「血族で自社株を分け持つ」の「血族」とは、なによりも姉弟という意味であった。それが崩れたことで、固執する理由を失ってしまった。あきらめた。

「もうええがね！」

洋子社長の宣言が聞こえてくるようだ。もともと、即断即決、あっさりとした性格である。いったんこうと決めたら、身をひくのも早いだろう。

以上は、極論である。

洋子社長に真意を確かめたら、まるっきり外れているかもしれない。

だが、事実かどうか、は我々にとって関係ない。

いわば想定問答のようなものだ。ブレストだ。実際の事柄から、想像力を駆使してシミュレーションすることも、ひとつの経験なのである。

ともあれ、長良電装の自社株は一気に「マネジメントする領域」へ入ることになった。

あとはシステマティックに、ビジネスライクに事は運んでいく。

自社株を、まるで先代から受け継がれた遺伝子でもあるかのように有機的な思い入れでもって扱ってきたのに、日々、長良電装で扱う仕事と同じ、無機質な数字に還元できてしまった。

洋子社長にとっては、それこそ他の多くの現場作業と同じように受け止められる状態になった。長年してきた社業と同じように、机に向かって決済のサインとハンコを押すだけの役目に徹しておけばいいはずだ。

「僕の意見をはっきりさせておきますよ。あえて誤解をおそれずに言いますが、洋子社長の自社株に対する興味は、ゼロになったんでしょう。だいたい、あの方が判断を下さなければならない場面なんか、もうないし」

春日井はそんな表現をした。

我々が仕事をする上での目標である。非上場の自社株のことなんかに煩わされることなく、本業に従事していただきたい。企業にはもっと大事な使命がある。

＊＊＊

洋子社長とは、ビジネスの相手としての会話はなくなったが、それ以外の付き合いはさせてもらっている。

ゴルフ、飲み会と、あれ以来、よく顔を合わせる。そんな場では、地元ビジネス界の方々と引き合わせてもらって、我々の人脈は広がっている。

イベントごとだけではない、今日のように突然現れることもある。

我が社のこじんまりとした応接室は、洋子社長のお眼鏡に叶わなかった。それよりもずっと、機能的な、社員に人気のある例の会議室のほうがお気に入りである。

椅子に座ると、挨拶もそこそこに本題を切り出した。

「知り合いが社長をやっとられる会社が、やっぱり株のことで困っとるの。相談に乗ってあげてほしいんだがね」

自社株承継のトラブルらしい。そして、わかりきったことだが、それは多くの場合、事業承継にまつわる問題でもある。

洋子社長からの大まかな説明によれば、その会社には、現在、大きな二つの問題が持ち上がっており、解決に急を要するとわかった。

「血のつながり」が惹き起こしたトラブルであるという。

まさに我々が力を発揮すべき案件だと思われた。

さっそく、直接話を聞きたい旨を洋子社長に伝えてもらうことにする。

そこには、長良電装よりもいくらか世知辛く、苦めの物語が待っていた。

先方の希望により、初めての顔合わせはゴルフ場となった。

洋子社長が声かけをする形をとる。リーダー気質の彼女は、誰かの面倒をみるのが大好きなのだ。

それにしても。

おおっぴらに我々と会うのを避けたがる顧客がいるのは確かだ。だが、ここまで偽装をしなければならないケースは珍しい。よほどの事情があるのだろうか。

＊＊＊

朝八時。

滋賀県と三重県の境に位置するゴルフ場に集合した。

他県の人々には理解されていないだろうが、名古屋市は愛知県の西側にあるため、一般に関西と捉えられている地域と距離的に近い。

滋賀などは、隣ではないにしても、細く突き出した三重県の北端を間に挟んですぐそこだ。同じ愛知県内でも静岡と接している東側の地域、新城市あたりへ行くよりも早く着くぐらいだ。

今日のゴルフ場は滋賀県内だが、春日井と二人、早朝に自動車を飛ばして一時間少しで着いた。

琵琶湖まで少し距離があるこのあたりにはゴルフ場が点在する。私自身は経験ないが、ベテランゴルファーたちの間で「名コース」と噂される場所もあると聞く。

洋子社長に紹介されたのは与謝野明夫という人物だった。ここでは疋田洋子氏と同様に、明夫社長としておく。いろいろ面倒だから。

中肉中背、銀ブチ眼鏡にハンチング帽子、ポロシャツのボタンを一番上までしっかりとめている。全体的にきっちりした印象。年齢は、洋子社長より下、私より上、だろう。

初対面の挨拶もそこそこに、ウェアに着替えてコースへと出た。

今日は午前中のみのハーフラウンド。昼食を挟んで、本来の用事である打ち合わせの時間となる。

第一ホール。パー4。今日最初の一打だ。ドライバーを握りしめ、深呼吸をする。

私は、この瞬間が一番好きである。

コース脇に植えられた木々の葉が、秋めいた空気の中で色づいていた。

私のスコアは、九ホールで五十六。十八ホールに換算すると一二〇を切る程度だから、まあまあか。ゴルフを初めて七、八年経つが、だいたいいつもこの辺で浮き沈みしている。天才でないことは間違いない。このまま万年初心者でいくのかもしれない。

洋子社長、明夫社長はともに手堅いプレーぶりでスコアをまとめてきた。初心者の春日井は、OBと池ぽちゃがたたり、なかなかの大量得点を叩き出した。

昼食に、ゴルフの日には恒例、ステーキ二五〇グラムを食べる。

普段、私はどちらかといえば少食なのだが、ゴルフ場ではなぜか胃袋も広がってしまうらしい。これで生ビールの一杯もあれば最高だが、今日は仕事で来ている。さすがに遠慮しておいた。

午後、クラブハウスのゆったりとしたソファに全員がおさまったところで、打ち合わせが始まった。

洋子社長も一緒だ。なにしろ、事の一部始終を知っているから、隠すことはなにもない。

明夫社長は、滋賀県内の工作機械メーカー「与謝野工業株式会社」の現社長である。会社は、長く地元に密着しながら操業してきた。創業が一九五〇年というから、七十年の老舗だ。非上場の中小企業である。

現在、企業承継にあたって、世代交代に直面しており、彼の相談内容はまさにそこに関連していた。

第一の問題。

明夫社長は創業者から続くオーナー一家に属する経営トップでありながら、自社株を一株も持たされていない。

第二の問題。

最近、外資の日本法人からM&Aを持ちかけられており、どうもオーナー一家の主導権を握る人が、そちらに傾いている様子だ。

詳しく見ていく。

前者には「血」が関係している。原因は彼が入り婿だという点にある。前社長夫妻に生まれた子どもは娘が二人。明夫社長は、そのうちの長女と結婚した。

これは洋子社長の受け売りだが、彼は仕事ができる。有能・優秀だ。若い頃は、エリート街道を歩もうかという立場にもあった。滋賀県下の進学校を首席で卒業、東工大へ進み、卒業後は東京の大手機械メーカーに就職した。

しかし、「いろいろな思いがあって」五年ほどで会社を辞め、郷里に帰ってきた。それが一九八〇年代半ばのことだった。

地元の実直な企業を選び、再就職した。与謝野工業である。

バブル直前の当時、会社は大きな発展期を迎えようとしていた。

ちなみに、娘はもう一人、次女にあたる人がいて、こちらは他家へ嫁いでいる。とはいえ、同じ大津市内の、自動車で三十分ほどの距離に住んでいるのではあるが。

彼は能力をいかんなく発揮し、会社の躍進に貢献する。

そして、当時の社長の娘と結婚したことで、「明夫社長の誕生」は約束された。長良電装のように、娘が会社を背負って立つ、という方向にはいかなかったのである。むしろ、オーナー一家に娘しかいない場合、日本では婿養子をとって、会社を率いさせるというケースのほうが多いかもしれない。よく聞かれる話である。

明夫社長は、現在六十二歳。経営トップになってから、八年ほどになる。前社長が七十歳を期に、彼に会社を任せて会長職に就いて一線から退いたのだ。

その会長が、半年前に亡くなった。

死因は心不全。つまり、よくわからなかった。

四月のある日曜日の夜だった。

会長は、家族が集まった夕食の場で頭痛がすると話し、娘が手渡した市販薬を飲んで自室へ引き上げた。普段よりずいぶんと早い時間だったという。

数時間後、妻が様子を覗くと大人しく眠っている様子だったので、邪魔しないよう、そっとしておき（寝室は別にしている）、翌朝、起こしに行くと冷たくなっていた。

享年七十八歳。あっけない幕切れだった。

遺言書は用意されていた。七十歳を過ぎてから、毎年、正月に内容を改める習慣があったのだ。前の年の資産状況を正確に反映したものに刷新していた。

そこに、財産分与について事細かく記載されていた。

遺産は、妻と娘二人、孫たちに配分する。娘の夫たち、つまり義理の息子にあたるわけだが、彼らへの言及はなかった。

「わかっていました」

と、明夫社長は我々に語った。

「極端に血縁を重視するのです、この家族は。だから現金だろうと不動産だろうと、私名義の遺産が得られるとは思っていなかった」

わかっていたのだ。だが、納得できるかというと、それは別問題だ。

特に、自社株の承継が自分になされなかったことは経営者として非常にやりにくい。なにしろ、他家へ嫁いだ義妹とその子どもにまで、自社株は遺産分けされているのである。なかなかに極端な血族偏重主義だ。

興味深いのは、亡くなった会長も婿養子だった点である。

明夫社長は、生前の会長から自分の時代に同じことがあったと打ち明けられていた。

与謝野工業の自社株保有比率は、どうなっているか。

創業者に連なるオーナー一族が一〇〇パーセントを占めている。すべてだ。

よくあるようなケースの、世話になった取引先にも、長年働いて功績のあった社員にも渡しているようなことはなかった。

だからといって、この会社の創業家が代々ケチだった、などと決めつけることに意味はない。通常、誰かに報いる目的で自社株を利用することはない。回りくどすぎるのだ。それぐらいなら他の手段を取ったほうが簡単だ。

オーナー家の一員に対しても、ある程度同じことが言えるだろう。株主配当で不労所得を得させるなどの例もあるが、それしか道がないわけでもない。

つまり、世の中のあらゆる人間は自社株保有についての絶対の必然性はない。

たった一人、ある条件下における、現役の経営トップを除いては。

自分以外の誰か（あるいは数人でも）が支配権を持つほどの自社株を保有している場合、非常に足元が危うい状態に置かれてしまうのだ。上場企業の雇われ社長と同じ立場だ。オーナー側に属しているのに、である。

現在の明夫社長、そして大昔には、亡くなった会長（先代社長）がそれであった。

養子の社長に頑として自社株を持たせなかったのは、先代の場合、さらにその前の社長だったようだ。しょせん他人に過ぎない男に大事な会社の所有権を渡せるか、というわけである。

最終的に、先代は五〇パーセントを受け継いだ。単独議決権がぎりぎり持てない数だった。それでも筆頭株主には違いない。実は、先代が義父となにか特別な交渉をした結果だったと噂されている。でもなければ、長年拒み続けた自社株を譲るはずがない。とはいえ、先代が使った手段は誰にも明かされていない。秘密を墓場まで持っていったわけである。

明夫社長のケースでは、現在まで自社株保有を阻んできたのは、先代社長ではない。義母である。そう、先代の妻だ。

夫が自社株を所有したいと主張して秘密の交渉まで行った苦労を知っているのに、いざ次の代になった時、娘婿を同じ目にあわせようとしているのだ。

事情はあるのだろう、たぶん。

それでも、どこかおかしいと感じるのは他人だからだろうか。

因果の発芽

二番目の問題の理解をするには、会社の歴史をひもとかなければならない。明夫社長から受けたレクチャーに、後になって我々が調べた状況を補完して説明を試みてみたい。

与謝野工業が飛躍的に発展したのは、一九九〇年代後半だった。

会社の好不調は、ずっと国内景気によって完全に支配されていた。

やがて、バブル期が訪れて、おそらくこの先には当分来ないであろう規模での日本経済の絶好調が訪れる。

あらゆる業種にわたって、各企業が海外進出を目指した。そして、世界史的な大きな視点で見れば、あっという間に姿を消した。マーケットシェアや世界の企業ランキングなどといった指標にてらせば、当時の日本企業による世界での活躍は、十年ほどですべてが水泡に帰している。

しかし、琵琶湖のほとりの一中小企業にとってみると、あの時代の、熱にうかされ、怖いもの知らず（なんと国民性に似合わない言葉なのだろう）で海外へと飛び出していった行動力は、のちに大きな一歩として活きてくるのである。

亡くなった会長は、当時、社長職にあった。入り婿の一代目だ。

彼は相当優秀なビジネスマンだったが、前述の通り、創業家の一員となって相当な時間が経過して、子どもを三人もうけたにもかかわらず、自社株の保有を許されず、株主として認められていなかった。

だが、それはそれ。彼はめげずに頑張った。海外市場参入への足掛かりを作ったのはほぼ彼の功績だ。南北アメリカ大陸、ヨーロッパ、それからもちろんアジア各国。ツテをたどり、地域によっては、地元政治家へのロビー活動などもした。

橋頭堡となるような確かな手応えを得たのは、なんと西アフリカのある小国においてであった。

アフリカ大陸では、長く紛争下にある国々と、そこから逃げ出して難民となった人々が大きな話題になってきたが、広い大陸である、数としては、長期にわたって戦争当事国になっていない国のほうがもちろん多い。

ちょうど与謝野工業が海外進出先を探していた時期に、そんな国のひとつで、地方都市の工業化が促進されようとしており、そこに食い込めた。タイミングが良かったのだ。

当時の工作機械の業界においては、日本とドイツのメーカーが強かった。

海外勢にライバルがそれほど多いとは言えなかった。後に競争相手となるアジア各国はまだ含まれていない時代である。現在ではあり得ない状況だが、まだ彼らはそれほど実力がなかったのだろう。

与謝野工業は、その国で機械の売り込みに成功した。モノが良かったのと、メンテナンスについても真摯な姿勢を示したことが評価されたのだ、と会社では語り継がれている。

ともあれ、一国に足掛かりができたことで、続く十年は、近隣諸国へどんどん売り込みをかけていき、世界の大企業には及ぶべくもないほど微々たるものであるにせよ、西アフリカという地域において一定の信頼とシェアを手にしたのである。

もともとの国内取引に海外での売り上げ。これが、年を追うごとに海外の比重が大きくなり、うなぎ上りと言っていいほど年商は拡大、黒字額も増えていった。

世界シェアを見ればわかる通り、工作機械は、二十一世紀に入っても日本が強い分野である。自動車、家電などの業界が、昔、世界市場を席巻していたのに現在はアジア各国に大きく水をあけられている現状を鑑みれば、かなりの健闘だ。

バブル崩壊から多くの日本企業が行き詰まった。リストラ、規模縮小の一途をたどってきた。だが、与謝野工業のように発展した企業もあったのである。

そして、この会社には明確な個性があった。規模としては、十分その資格があったのに、決して株式公開を目指さなかったのだ。

仮に上場企業になっていたらどうだったろうか。社内で時にそんな会話が交わされるそうだ。社外の人間から「なぜ上場しないのか」と聞かれることがあるからだ。

与謝野工業社員お気に入りのシミュレーションはこうである。

上場したならば——。

本社を東京にうつし、地元の工場は閉鎖して、コストカットを目的にアジアに生産拠点を築こうとしたかもしれない。

だけど。

地元を「切った」としたら？　俺らの機械は、滋賀の大津の工場で、俺らの手でしか作れない。どこの国の何人だろうと、素人が手を出したって、不具合だらけの産業廃棄物を増やすだけ。微妙だし繊細なんだ。

亡くなった会長が上場について言ったとされる言葉がある。

「東京進出がなんぼのもんやねん。わしらが目指しとんのはヴェルデ岬じゃ」

ヴェルデ岬とは西アフリカはセネガルにある、大西洋に突き出したアフリカ大陸最西端の地だ。当時、会社はセネガルの市場に食い込もうとしていた。

岬はともかくとして、前会長が言いたかったのは、設備投資なりによって生産体制を拡充するのならばわかるが、たかが東京本社や株式市場での資金調達のために、上昇気流に乗っている現状を変える必要も余裕もない、ということらしい。

また、株式を公開するということは、株主に会社を小売りするのと同義である。原則として、株主のために仕事をするようになるのだ。もちろん、議決権が維持できるように過半数を保持するにしても、である。そんなあり方は社風に合わなかった。

二〇〇〇年代に入っても、会社の成長は、多少鈍化したものの続いていた。

韓国メーカー、さらに政府のゴリ押しを受けた中国企業の攻勢にさらされたが、よく耐えた。また因果関係ははっきりしないが、おそらくはＥＵ内での資本統合が進んだことなどによって体力を増強したとみられるヨーロッパメーカーが、特に二〇一〇年代目前にシェア拡大（というより、歴史的には奪回かもしれないが）を目指してアフリカに営業攻勢をかけてきた。

以来、なかなかに激しい争いが絶え間なく続いているという。

現在、与謝野工業が顧客を維持できているのは、ユーロに比べて円が安く競争力をもっていること、アジア勢に対しては現地をこまめに回ってニーズを掘り起こしてきた「一日の長」があるからだと、社内では分析されている。

会社が貫いてきた堅実さは顧客の評価につながってきた。だが、ここにきて別の意外な結果を招く。

二番目の問題、M＆Aの呼び水となったのだ。

会長の死後すぐに、まるでこの時を待っていたかのように、ドイツを本拠地とする外資系工作機械メーカーから買収の申し出があった。

大々的なものではなかった。社員の大半にも知らされなかった。そして話を聞かされた数少ない誰もが、与謝野工業はそんな提案を一蹴するだろうと考えていた。

ところが、夫が亡くなってから会社への影響力を単独で持つ形になった会長の妻が、この話に興味を示したのである。

由々しき事態だ。

これまで三十年以上にわたって、明夫社長はオーナー経営者になるためのロードマップをぼんやりと描いてきた。

焦る必要は感じなかった。自社株の保有が許されないとはいえ、現在までの状況は受け入れられないものではなかったからだ。

経営のトップでありながらオーナーではない。それはそうなのだが、ではオーナーが誰かといえば、義母、自分の妻、その妹、息子たちなどである。誰も経営に口を出せるような経験を持たない。極端な話、自社株保有の状況など忘れてしまっていても、とりあえず支障になるはずはなかった。

だが、与謝野工業の株式が海外ライバル会社の手に渡り、その傘下に入るとなればまったく別の世界になる。

彼らがM&Aを仕掛けてきた本当の理由はわかっていない。

もちろん、表向きにはいいことを言ってはきている。

貴社の優秀なプロダクトをより広い世界市場に紹介する手伝いをしたい――

そのためには強い資本の後ろ盾が必要だ――

これは双方の強みを倍加するようなプラスにしかならない組み合わせだ――

また、ハッキリとは表現しないが、形としては子会社になるが、実質的に平等の立場、提携に近いのだという雰囲気も漂わせている。


義母の立場に立って考えてみれば、M＆Aに乗り気になるのは無理もなかった。

まず、先方の提示してきた買収額がかなり大きなものであることだ。現金の魅力だ。

会社運営上の思惑も絡む。

ヨーロッパの多国籍企業グループの一員となれば、いままでの一匹狼的なビジネス展開に終止符を打つことができる。売り込み文句の一つだ。

会社は多くの努力をしてここまでやってきた。夫が社長であった頃、家庭を顧みず、会社に泊まり込んで週に一度も自宅へ帰らない時期が多かった。義母にとって、トラウマのような体験だ。

何もかも、海外進出を目指した時から始まった。以前も繁忙期はあるにはあったが、比べものにならなかった。

明夫社長の代になっても状況はたいして変わらなかった。つまり、専業主婦になった彼女の娘は、父親が帰って来ず、夫が帰って来ない暮らしの中で生涯の大半を過ごしてきたのである。

M&Aに応じさえすれば、こんな負のスパイラルから脱することができる……。

義母は明夫社長と娘を前にそう言ったのだそうだ。

間違ってはいない。そうすれば、彼女の希望は必ず叶うだろう。

だが、もっと大きなものを失うこともまた、疑う余地はない。

交渉（ネゴシエイト）

ゴルフ兼打ち合わせの翌日。

朝起きると、首から肩にかけて鈍い痛みがあった。

筋肉痛だろうか？

まさか。いくら久しぶりにコースに出たからって、ハーフしか回っていない。かかったのは二時間ほどで、そのほとんどは歩いており、クラブを振ったのは素振りを含めてもたいした回数ではない。

出社して、春日井にそれを言うと、

「年じゃないすか」

ごく簡単に、一番嫌なところを突いてくる。

「絶対に違う。たぶん、あれだ。ラウンド前にストレッチするの忘れたから」

ムキになって否定すれば、

「あれ。そうでしたっけ？　クラブを肩に乗せて腰ひねってる姿見た記憶があるんだけどなあ」

瞬時に返してくる。この手の会話をさせると、私は春日井に遠く及ばない。

与謝野工業の件について会議を開いた。メンバーはいつも通り、春日井と天白、それに私だ。天白には、前もって春日井に概略を説明させてある。

明夫社長の希望は次の通り。
①M&Aを防ぎ、会社をオーナー家の所有として維持する。
②自社株を管理する法人設立。オーナー家が役員となり、自分が代表に就任する。
②こそが、我々の本業なのではある。しかしいつも通り、前段階①の解決の手助けをしなければ着手できない。
特に本件では、会長の未亡人がM&Aに踏み切ってしまう前に説得する材料を揃える必

要がある。急がねばならない。

あまりに論理に頼りすぎた理屈っぽい主張はよろしくないだろう。シンプルで真摯、そんなような、いわば口説き文句が出来上がれば言うことはない。

私から口火を切る。

「まず論点を整理したい。この件、私の感覚では、複雑だし多岐にわたる問題もあるけれど、解決策ならば、クリティカルな一点突破でいけるのではないかと受け取っている」

さっそく春日井から反論の声があがった。

「僕は、逆に、先代夫人を説得するためには複数の難問をクリアしなければならないと思いますけど」

「そうか。だったらまとめてみてくれ」

ホワイトボードを使って、春日井が説明を始めた。

「一つめは、自社株の買い取り金額。M＆Aはかなり高いことを言ってきてますからね。二つめが、現社長をオーナー集団に参加させることの是非。最後は、なんでしょう、働き方改革といいますか……」

天白が助け舟を出す。

「経営者のオーバーワーク防止策とか？」

「そんなようなものかな。じゃあ、一つずつ いきます。まず買い取り金額。昨日の社長の話ではだいたいということでしたが、総額で二十億円は用意するとか。我々のスキームに従って、会社が銀行から融資を受けて全部の自社株を買い取るにしても、それより上の金額は難しいんじゃないでしょうか」

たぶん、その通りではある。

「わかるよ、言いたいことは。続けてくれ」

「第二の点。血の繋がりがない明夫社長に自社株を持たせないってことは、オーナーとして認めないのと同じ意味じゃないですか。その状態で数十年やってきたわけですよね。しかも、より強硬なのは亡くなった会長じゃなく、奥さんで。いまはその方が一族の長になっている。立場的には洋子社長と似てる気がしますね」

「経営に参加していないことを除けば、な」

「ともかく、与謝野家にとって会社のオーナーであるとはどういうことかを想像してみたんです。めっちゃ極端に表現すると、自社株が『血の証』なんじゃないですか」

天白から驚いた声があがる。

「まじですか。そこまで言う？　だとすると、自社株って、出生証明書とかＤＮＡ鑑定みたいなものじゃないですか」

春日井は真面目だ。

「たぶんね。それに近いんじゃないかと思う。だから厳格な選別をしてるんだよ。同じ家族になってずいぶん経つのに。しかも会社を支える経営者でもあるのに」

私が口を挟む。

「いや、私の考えは違うけどな。まあいいやそれはあとで。さっき言った最後の問題は、うちの会社に関係なくないか。代表取締役がなるべく家へ帰るようにするかどうかだろ。そこはあちらで相談してもらおうよ。社内体制をなんとかするとか」

「わかりました。じゃあ二つの問題の解決に絞って」

「買い取り金額についてもどうかと思うんだ。Ｍ＆Ａの場合は売り払うだけだが、自社株管理法人設立なら、売る側だけれど買う側でもある。そのあたりは、洋子社長の弟たちとは違う。何より、双子は会社と縁を切りたかったんだから。まさか、会長夫人が、会社からまるきり手をひいて新しく作る法人の役員にならないなんてことはないだろう。であれば、法人の借金は少ない方がいいわけで、どうしても自分に支払われる金額が不満であればなんらかの対応策はあるはず。M&Aの高額な申し出と一律に比べられないと思うんだ」

「そうですか。となると残るは……」

「ちょっと待ってもらっていいですか。M&Aと新法人設立は、会長夫人にとって二者択一ではなくないですか。もう一つあるでしょう。いままで通り、血族内で自社株を持ち合うんです」

天白の意見だ。もっともである。会長夫人にM&Aをあきらめてもらえたとしても、明夫社長と新法人設立案が有利になるとは限らない。

「だったら、私たちは、M&Aと家族内の自社株所有が、両方ともにいかに『悪』であるかを示せばいいのかもしれないな」

「M&Aの方は簡単ですね。僕ら、散々、実例を見てきてますから。買収の段階では以前と変わらぬ方針で経営する、と言っておきながら、何年もしないうちに会社は業績不振に陥ってリストラして、それでもダメだから他社に転売か、廃業。従業員は路頭に迷う。いくらなんだって、家族で発展させてきた会社をボロボロにしたり、ここまで頑張ってくれた人たちをそんな目にあわせられないでしょう」

「家族で自社株を持ち合うことについては、どう説得する？　根強い信頼感があるはずだろう」

「相続税が高い、ですかね。でもそれはちょっと弱いかな。払えばいいんでしょ、と言われたらそれまでだし、毎年少しずつ贈与していく例のやり方だってあるし」

「そして、そこに明夫社長は加えてもらえないんだろ」

ふりだしに戻ってしまう。

男二人が黙り込んで、考えてしまった。

そこへ天白から決定的なアイディアが出る。

「私、思うんです。どうやって、ではなく、誰が、説得するかじゃないかって。この場合、適任者は会長夫人の娘さん、明夫社長の奥さんではないでしょうか」

「なるほど。思いつかなかったな」

春日井と私は顔を見合わせた。だから天白にいてもらうと心強いのだ。

「一度、娘さんと会って、お考えをうかがいましょう。例えば、会長夫人は、二代に渡る社長が忙しすぎて娘がかわいそうだったとおっしゃってるんですよね。でしたら、お父様と旦那さんが自社株を手に入れられないがためにやりにくかった背中を見て、どうだったんでしょう。平気ではいられなかったんじゃないですか」

「確かに。知りたいよな」

春日井が心から感心した顔をしている。

「その上で、M&Aで会社が潰れた例や、個人が自社株を保有してトラブルの種になった具体例をお伝えできますよね。自社株管理法人は有利なことも」

さらに春日井が畳みかける。

「会長夫人は実務の経験がないらしいから、法人の代表になるとしたら嫌がるかもしれないよ。いろいろ面倒なことになるような気がしてさ。そうすると家族代表ビジネスマンとして明夫社長がその座におさまるのは自然なことかもしれないよ」

我々からの第一の提案が決まった。

＊＊＊

結果として、天白の案で事はうまく運んだ。

明夫社長の妻・郁代氏は、母親と自社株について話し合ったことなどはなかった。そんな彼女が初めて希望を口にしたのである。しかも、現在の状況をきちんと把握した上での様子だ。会長夫人としては真面目に取り合わないわけにはいかなかったのだろう。

M&Aについては、すぐにあきらめたらしい。

EUのライバル会社が家族の守ってきた会社を買い取ることの薄気味悪さに気づいたのだという。もっと慎重になるべきだと。

これはあくまで我々の想像だが、買収話は与謝野工業のアフリカにおけるシェアだけが狙いだったのではないだろうか。それさえ手に入れれば、日本の会社がどうなろうと構わない。買収の誘いの甘い言葉の割には、どうもブランド統合へ向けて積極的なプランが示されなかったのが怪しいと言えば怪しかった。

会長の未亡人が、自社株を「血」そのものと感じてきたかどうかは確かめていないのでわからない。

ただ、自社株管理法人が買い上げて管理するプランをいったん彼女が受け入れてしまった後は、明夫社長が代表に就任することに関して、意外にも説得の必要がなく、一言も抗議しなかった。

長良電装の洋子社長が、自社株保有と姉弟の絆を同一視して固執してきたのに、弟たちが手放した途端に、自社株の個人所有そのものに興味を失ったように見えたのと似た状態なのかもしれない。

与謝野工業のケースでは、むしろ自社株を持ち合うことでではなく、家族内に「持たせない他者」を置くことで、排他的な血族の絆意識を強くさせる作用があったのかもしれない。

そんな状態がいったん崩れたら、持っていても税金がかかるばかりでほとんど得になることのない自社株にこだわる必然性はない。

つくづく、自社株とは、多様な顔を持ち得る不思議な存在である。

ケース❸に対するソリューション

非上場会社における、いわゆる「後継者不足問題」の要因の一つとして、〝子どもが全員娘（女性）〟というケースがあります。

特にここ最近は、この問題に直面している非上場会社が多くなっていると感じます。その場合、もちろん娘が後継者になるケースもありますが、多くは、娘の夫＝娘婿が後継者として会社に入り、代表取締役へ就任するということになります。

しかし、会社の所有者である株主に関しては「義理と情」が複雑に絡み合うことになります。

本章のケースでは、偶然にも二代連続で娘婿が後継者となっていました。

お話の元になった依頼では、先代社長が会社を継いだ当時（一九八〇年頃）は、いわゆる「長子相続」（一九七四年に廃止）の名残もあり、長子＝長女の夫という立場上、事実上、社内での先代社長の立場や影響力が持株割合によって左右されるようなことはなかったといえます。

ストーリーの方では持株ゼロとしていますが、実際には、先代社長の持株割合（議決権割合）は約一五パーセントありました。しかし、大きなトラブルもなく現社長へと代表取締役を引き継ぐことができました。

もちろん、先代社長の妻が持株割合を約三〇パーセント保有していたこともトラブル発生の抑止力として大きかったとも言えます。

しかし、その後時代は大きく変化し、核家族化による親族（株主）関係の希薄化、インターネット情報化社会の到来等により、非上場会社においても株主の権利主張（会社は株主のもの。モノ言う株主）、議決権（委任状）闘争等の勃発が後を絶たない時代となっています。

そのような状況にありながら、先代社長は大きなトラブルもなく経営を全うできました。

ですから、現社長への承継時、自身の娘二人に対して自社株の一部（先代社長の妻保有分も含む）を均等に承継させせました。

しかし、先代による処理以前に、彼女たちはすでに自社株を所有していたのです。現社長としては、特に妹側へさらに自社株が分散することをおそれました。そこで、先代社長に対し、子ども（孫）への自社株の承継を懇願します。結果として、当時中学生だった彼が約二〇パーセントを保有する株主となってしまいました。社長自身の持株割合は五パーセント程度にも関わらずです。

このままでは、現社長単独での支配力・影響力がほとんどありません。

本章では、ここで自社株管理法人を設立したことになっていますが、実際のケースでは、ソリューションとして「民事信託」を活用しました。

これは、現社長自身が議決権行使の権限を保有する状態を、自社株の保有なしに実現させるものです。具体的には、現社長と妻・妹との間で自社株信託の契約を締結します。

そのようなスキームを導入した結果、現社長の議決権割合は約三十五パーセントとなりました。

また、社員・元社員にも自社株を保有している方がいくらかいらっしゃいましたので、そちらへのケアも必要がありました。

ご案内のない読者にとっては少し複雑になるかもしれませんが、ひとこと解説をしておこうと思います。

それは、「持株会」を組成し、個々が自社株の現物を保有するのではなく、民法上の組合として複数名で自社株の「持分を共有（総有）」する、という対策です。

さらに、先代社長とその妻が保有する自社株の一部を「持株会」へ譲渡（売却）しました。この処理によって、先代社長の（将来の）相続財産を減らし、相続税の節税や自社株の分散抑止となりました。

一方、両者の持株の合計で、「持株会」の持株割合（議決権割合）は約三〇パーセントを超えてしまいました。

そこで、それらの全株を無議決権株式（優先配当）へ種類転換しました。すると、結果的に現社長の議決権割合は過半数となりました。

諸々の事情に照らして、当時としては最善の対策になったと考えています。

ケース❹ 未来と承継のゆくえ

不幸の始まり

長く付き合いをさせてもらっている顧客が我が社を訪ねてきた。

春野弘安氏とその妻・彩氏である。

株式会社春野フーズのオーナー経営者夫妻だ。

来訪したいと電話をもらった時、彼はその目的を「報告があるので」と口にしていた。

出会って以来、弘安社長の報告には辛いものがいくつもあった。何度もいたたまれない気分になった。

またなにかよくないことが――?

思わず、そうではないことを願っていた。どうか無事であれ、と。

応接室に通すと、弘安社長はまずのんびりと世間話をした。最近の天候、共通の知り合いの噂話、景気の悪さについて。

そして。

「ところで」

と咳払いをする。

「長いこと、面倒見てもらったけども。いろいろ」

……ああ、そうなのか。そこまで聞いて、次に続く言葉がわかってしまった。切ない思いがこみ上げある。

「会社を売ろうと思う。相手先は決まっとる」

原因は、聞くまでもない。ずばり後継者問題だろう。

通常ならば、他の会社ならば、あるいは、私も
「もう無理なんですか？　他に方法があるのでは。こんな実例を知っていますよ」

などと、提案などしてみるかもしれない。

だが、相手は春野フーズだ。

私が関わった中で、最も不運な自社株承継にまつわる事件が起きた会社だ。

とてもではないが、軽々しく翻意を促す気にはなれなかった。

むしろ、「長い間お疲れ様でした」とねぎらいの言葉をかけたいと思ったほどだった。

それほどまでの物語があったのだ。

＊＊＊

弘安社長と知り合ったのは、十年近く前のことだ。

私が講師として招かれたセミナーで、初めて言葉を交わした。

岐阜県に本店を置くスーパーチェーン「春野フーズ」のオーナー社長だ。会社は愛知県、福井県にもまたがって十店舗以上を出店している。

その頃は、一人息子への自社株の相続について知識を広げようとしており、専門家として私の名前を知ってわざわざ出向いてくれたとのことだった。

創業十年というまだ歴史の浅い会社ながら、右肩上がりの成長を続けており、当時で年商二百数十億円、数年後には三百億円を達成した。

春野社長には確信があった。自社はこれからどんどん大きくなっていくのだ、と。そうするためのアイディアもやる気もあるし、優秀なスタッフもいた。

本人は五十代はじめ。将来、会社を承継する約束の息子・淳氏が大学を卒業後に入社して修行中であった。

あと十五年か二十年後に自分は引退し、淳氏がオーナー経営者となる。そのことについての不安もなかった。ただし、自社株の承継に関してはよくわからない。

このまま手をこまねいて弘安社長が何もしてやらないでいれば、いざその時になって淳氏が困ってしまう。おそらくは巨額の相続税がかかってくるはずとの知識だけはあった。

よくある相続税節税の手段として、長い時間をかけて少しずつ贈与していくものがあるのは彼も聞き知っていた。贈与税がかからないぎりぎりの分を毎年贈るのだ。

しかし、現代のビジネスマンとして、彼の目にはそのような方法が前時代的でアナクロと映ったようだった。長い贈与の期間になにがあるかわからず、自社株の価値もあがっていくことは目にみえているのに、あまりに「ゆる過ぎる」、というわけだ。

もっとスマートで合理的な承継法があるのではないか、と考えたという。

結果的に、彼の懸念は的中することになる。二度にわたって。

＊＊＊

大まかな状況を聞き、私は弘安社長の相談役となり、現状分析を行なった。

春野フーズの自社株における持株比率は、社長夫妻で九〇パーセント、社外の数名であとの一〇パーセントを持ち合っていた。

前述の通り、春野家は一人息子であり、他に相続人はいない。

私としては、弘安社長が模索した、少額ずつ贈与していく以外のスキームももちろん提案できたのだが（例えば自社株管理法人設立のような）、結局のところ、手っ取り早く最も安価なのがこの「伝統的な」やり方であると判断した。

次期社長となる淳氏が今後結婚し（当時は独身だった）、子どもを数人もうけることになったとしても、現状では自社株の分散について心配するほどではない。

専門家としての私の判断に従い、弘安社長はこの年から保有株を息子に贈与し始めた。

＊＊＊

春野フーズは、一九九八年に有限会社としてスタートする。

高校を中退して社会に出た春野弘安氏がスーパーの現場で頭角を表したのは、二十代の半ば、一九八〇年代前半のことだった。岐阜県大垣市にある中規模チェーン店のとある支店が、周辺の他店に比べて突出した売り上げを記録し始め地元で話題になった時期がある。その仕掛けをしたのが若き春野弘安氏だ。

アイディアあふれるセール企画を連発、どれもが評判を呼び、口コミによって近隣の町からわざわざ客が来るようになった。大げさに表現すれば、伝説のスーパーマーケットマンだったのである。

三十歳で支店長に抜擢され、系列店の面倒も見るようになる。

だが、彼は社員で終わるつもりはなかった。近い将来、自分の店を持ち、それをチェーン展開する夢を持っていたのだ。

一九九八年、四十歳を機に独立し、岐阜県各務原市で「春野フーズ」を開店した。床面積としては小規模であったが、初めての自分の店だった。

弘安氏が代表取締役社長、妻の彩氏が専務だ。この体制は、二十年が過ぎた現在でも変わらない。

この時は苦労しなかったという。客が入らなくて困ったことはない。初日の開店イベントから人が押し寄せ、すぐに地域の繁盛店となった。

有限会社としてのスタートだったが、数年後の会社法成立を機会に株式会社化する。増資もした。そして、ここから会社の本当の快進撃が始まる。岐阜県内で二店舗め、三店舗めを立ち上げ、他県への進出も視野に入ってきた。

春野夫妻が結婚したのは弘安氏が二十歳の時、一人息子が生まれたのは二十五歳だ。

私自身も息子の淳氏と何度か会ってきた。幼い頃から両親が懸命に働く背中を見て育っており、それが自分の誇りとなっている、と言っていた。

大学を出て、次期社長を約束された身として春野フーズに入社したものの、弘安氏の意向で、三十歳になるまで売り場の店員として現場修行を続けた。

結婚は三十代に入ってからだった。なぜだか私も披露宴に招かれ、こちらの地方らしい盛大な仕掛けに度肝を抜かれたおぼえがある。

そして、いよいよ経営者への道を歩み始めていたところだった。

兆候は少しずつ現れていたという。

物忘れをするようになった。会議に現れず、探してみると、会社の自分の席で別の仕事をしていた。その回数が徐々に多くなった。気分の浮き沈みが激しくなった。

周囲の人間が迷惑を被るようになる。苦情を言うと、明らかに様子がおかしい。うっかりなどが原因でないことは明らかだった。

両親が心配し医師に診てもらうことになった。

結果、うつ病と診断された。

おそらく要因はストレスなので、しばらく休むべきだ。そんな医師のアドバイスに従って、淳氏は半年ほど休暇を取ることになった。

しかし、その間に症状はよりひどくなっていったのである。

食べたことを忘れて食事を何度も要求し、夜中に突然どこかへ出かけ、妻がどうしたのかとたずねると大声を出して怒る。時折り、幻聴を体験してもいるようだった。

二度めの診断結果はアルツハイマー型の「若年性認知症」。若年とは六十五歳以下を示しており、年齢が下がるほど患者は少ない。ましてや三十代の発症などは非常に珍しいので診断が遅れがちだといわれる。そして、この病気が治ることはない。

淳氏は仕事に復帰できなかった。もちろん、経営者となればなおさらである。

会社が後継者を失ったのだ。

私は、当時の様子を鮮明におぼえている。

弘安社長の憔悴は、大変なものだった。

当初、息子が認知症になったのは自分のせいなのではないかとすら、考えていた。

次期社長に就任する者として、親の七光りではない実力を身につけさせるため、数年にわたって相当に厳しい扱いをしてきた。プレッシャーをかけ続けたのだ。

ものの本によれば、アルツハイマーの原因の一つとして、ストレスもあげられていた。

自分こそが息子にとってのストレスだったのではないか、と疑った。

あるいは、遺伝か。

彼の両親にはそのような兆候はなかったが、思えば、小学生時代に亡くなった祖父が認知症だった。食事を忘れ、どこでもトイレだと思い、徘徊したことすらあった。家族で介護をした思い出がある。

血縁とはいえ、息子にとっては曽祖父にあたる人物だから、それで遺伝などはまさかと思ったのだが。

しかし、日々重度化していくアルツハイマーは、神経症とは違う。ストレスを取り除いたからといって、治るわけではない。原因を突き止めたところで、たいして役に立つことはないのだ。

それでも、弘安社長は、ずっと悔やみ続けることになる。

もし別の環境、別の職業に就かせていたら。

家族経営にこだわらず、他の分野に行かせていたら。

息子は発病しなかったかもしれない……。


春野夫妻は、息子を引き取り、介護をしながらともに暮らそうと決意する。若い妻には離婚をすすめた。一生を介護に捧げてほしくないと考えたのだ。まだ二十代だった。

彼女は、最初のうち抵抗を示していたものの、最後にはあきらめた。なにしろ、淳氏が妻である自分の存在をどんどん忘れていったのだ。

認知症患者との離婚は簡単ではないといわれる。特に症状が重くなってからは、本人に正常な判断ができないので、両者の合意が基本の離婚が成立しづらい。協議離婚ができないならば、代理人が立ち裁判にならざるを得ない。

この夫婦の場合は、まだ淳氏の意思がしっかりしている時間帯もあったため、そこまで発展することなく、解決となった。

問題は財産分与だった。若い淳氏は財産を持たず、若い彼女に渡せるものがなにもない。

それではあんまりではないか、と考えた弘安氏がアイディアを出す。

そう、自社株だ。これを売却すれば現金を作り出すことができる。そして彼女に渡そうというプランだった。

では、買い手は誰なのか。

会社でも弘安氏でもない。新たな次期社長候補だった。


田辺孝男氏は、副社長だった。

大学卒業後、当時できたばかりのスーパーマーケット「春野フーズ」に就職した。

正確にいえば、最初はバイトだった。そもそも、春野フーズは新卒募集などしていなかったからだ。

だがすぐに頭角を現し、契約社員となり、一年後には正社員のオファーを受けた。

彼は、いわゆる就職氷河期の世代に属していた。だからといって、嫌々ながら地元の小売業の店員になったわけではない。

むしろ、オフィスワークなどより、野菜売り場や惣菜コーナー、接客対応の方がずっと自分に向いていると思っていた。机上の空論で無駄に時間をつぶすだけの会議などばかばかしい。

現場でこそ、彼のパワーは活きた。弘安氏が打ち出すアイディアをよく理解し、形にして、売り場の担当者を率いて、買い物客を集めた。

なくてはならない存在となり、三十歳になる前に副社長のポストに就いていた。

そんな実力派の存在だから、もし春野夫妻に一人息子がいなければ、最初から次期社長候補となっていたかもしれなかった。

彼が、認知症になってしまった淳氏の自社株を買い取ることになったのである。

ただ、その代金が、離婚にともなう慰謝料がわり、あるいは財産分与のかわり、という性格のものなだけに、一括で買い取らなければならない。淳氏に贈与された時のように少しずつとはいかなかった。

急な話であったから、田辺副社長に資金の用意はなかった。銀行からの融資となる。

いきなり借金を背負うことになったわけだが、それでもこの時をもって、彼は勤めてきた会社のオーナーの仲間入りをしたのであった。

再びの躓き

二度目の不幸が訪れたのは、田辺氏が次期社長への道を歩み始めて二年ほど経った頃だった。

大学時代、ボート部に属していた彼は、春野フーズ社員になった後も趣味として練習を続けていた。タイミングさえ合えば、大会に出場することもあったようである。

しかし、練習にちょうどいい河川がなかなか見つからなかった。

種目は、一人乗りカヌーのスプリントといって、速度を競うものだ。これは波のない水面で行われる。趣味であるからそれほど厳密なこだわりはないにせよ、浅過ぎたり、流れが急であったり、段差が多かったりと、工夫してもどうにもできない場所はある。

仕方なく、体のあいた休日には、バンの屋根にカヌーをくくりつけ練習場所を探し、あちこちへ流浪するのが習慣のようになっていた。

そして、九月のある休日、いつものようにカヌーとともに出かけていったきり帰ってこなかった。

なぜそんなことをしたのか想像もつかないが、その日、彼は川底までコンクリートで固められた場所へカヌーを漕ぎ入れ、転覆してしまい、浮上できず亡くなってしまった。

そこは競技で使うようなコンディションとは似ても似つかない急流だった、大量の水が常に勢いよく流れ続ける、絶対に足を踏み入れてはいけない類の人口の川だ。

ベテランの彼にその危険性がわからなかったはずがない。どのような魔がさしてそんな命を捨てるような暴挙に出たのか。友人たちの話題になったが、誰も推測することすらできなかった。

妻が警察から連絡を受けたのは、夜になってからだった。

田辺氏はいつも単独で行動していたので、流され溺れたことに気づいた人はいなかったし、彼の体とボートが下流の岸で発見された時も、身許を示すものは何も持っていなかったため、警察は誰に連絡したらいいかわからなかった。

それがわかったのは、田辺氏の自動車のキーが発見されたからだ。流失防止のバンドに取り付け、直接肌に巻いていた。

おそらく乗ってきたクルマを上流のどこかに停めて川へ入ったに違いない、ということで警官たちが川沿いに岸を遡っていった結果、夕方になって不自然に置き去りにされたバンを発見し、車中にあった健康保険証から連絡先を突き止めたのである。遺体の発見地点からゆうに五キロは上流だったという。

田辺氏の妻は気丈だった。すぐさま、各所への連絡をテキパキとすませる。

遺体が安置されている警察署まで出かけていき、本人であると確認もした。

ただ、コンクリートで固められた川底を急流でもみくちゃにされ流されただけあって、その損傷は激しかったという。

春野社長夫妻も、大急ぎで駆けつけた。

十歳以上離れていたが、弘安社長にとっては唯一といっていい盟友である。戦友でもあった。

春野フーズが株式会社として再出発した時期に、地域経済の中で大きな挑戦ができたのも、田辺氏いてこそだった。春野弘安氏が社長、妻の彩氏が専務、田辺氏が副社長のチームとなり、三人四脚で進んできた。

息子・淳氏を次期社長に据えるプランも彼の存在がなければ踏ん切れなかったかもしれ

ない。

自分は会長職へと退き、大きな視野で導きながら、現場のサポートは田辺氏が引き受ける、そんな約束をしていた。

それが、息子・淳氏の思わぬ退場となったわけである。

落胆は大きかったが、気持ちを切り替えた。

会社は田辺氏に任せ、予定より早く引退をして、妻と二人、息子の介護をしながら余生を送る、そんな人生設計を思い描くようになっていた。

田辺新社長がどんな会社にしていくのか、それを見るのもまた楽しみになってきていた。

矢先、である。

ともに歩んできた過去のあれこれが脳裏にうかぶ。なのに、もう思い出話に花を咲かせることはない。

期待に満ちた未来も消えた。

大きな喪失だった。これほど悲しいことはない。

田辺氏と妻の間には子どもがいる。男の子が一人だ。

突然、母子家庭になった彼らを心配して、春野夫妻は、「困ったことがあれば家族だと思って」なんでも言ってくれと声をかけていた。

月に二、三度は二人で様子を見に寄ったし、電話もよくかけた。

四十九日からしばらく経った頃、彼女から遺産について相談があると連絡があった。

田辺氏は遺言書を作成していなかった。まだ四十代半ば、持ち家と自動車、まあまあの額の銀行預金以外、めぼしいものがあるわけでもなく、必要を感じていなかったのだろう。

あとは、自社株と、自社株を買い取った際にした借金。

そうなのだ。淳氏が若年性アルツハイマーとなり、離婚を余儀なくされた時と同様に、財産らしい財産として残っていたのが自社株であったのだ。

これをどう処置するか。もちろん、とりあえずは妻と息子が相続する。その際、相続税がかかってくる。そして、それから、どうすれば……？

彼女と息子に遺された自社株の、全体に対する比率は、一五パーセントである。

これは、弘安社長が息子へ自社株を譲渡する計画の名残りなのだ。もとをただせば、私と相談した結果として始まったあのプランが発端である。

社長個人が保有していた自社株は、五〇パーセントだった。譲渡が一五パーセントまでいったところで淳氏が発病し、田辺氏へ受け継がれ、そのまま増えも減りもせずそのままになっていた。

とりあえず、未亡人には自社株を保持していてもらうことにして、まずは以下のような扱いとした。

相続税分の現金を会社から貸し付ける。無利子である。返金は、毎年の配当で相殺していく。つまり未亡人は何もしなくていい。

いずれ買い取ることになるだろうが、まだ亡くなったばかりであるので、ゆっくりと価格の相談をしていく。

再び後継者を失った時点で、自社株の落ち着き先をめぐって急ぐ理由はなかった。

流転

それから約一年半が過ぎ、弘安社長から連絡があった。

「急転直下の展開になった」

という。

まず、田辺氏の未亡人が再婚をした。タイミングからすれば、一周忌を待って、だったのだと思われる。

弘安社長は、紹介されてその再婚相手と会っていた。

彼女よりいくつか年下の、一般企業に勤めるサラリーマンだ。感じのいい青年で、連れ子となる息子がよくなついている様子だった。

近々、以前の家は売却して、新たにマンションを購入するのだという。

なんといっても母子にはまだまだ未来がある。亡くなった田辺氏には悪いが、いつまでも過去にとらわれていてはいけない。春野夫妻はほっとした。

次に起こったこと。

数日後、彼女から改めて連絡が入った。自社株の売却について相談させてくれ、というのだ。

理解できる話ではある。

亡くなった先夫が勤めていた会社の自社株をいつまでも保有するのは、気持ちの内になにかを残していくようなものに違いない。まして、これは資産であるから、いずれまた相続の問題が出てくる。

処分するにあたっては、新たな人生を始めたこの時期が一番適当だろう。

ただ、この時、弘安社長は少しの違和感を感じたという。

あれほど親しくしていた女性の態度が、硬くよそよそしくなっている気がしたのだと。口調もどこかきっぱりしたものに変わったのではないかと。

変化は気のせいではなかった。

自社株売買について打ち合わせの場に、彼女は弁護士をともなって現れたのだ。

そして、希望する売り払い額を口にした。

直近の決算時に算出された株価よりも高かった。

実は、田辺氏が淳氏から取得した際の価格は、当時の評価額よりかなり安かった。もともと弘安社長が息子に無料で譲渡したものであり、それに対して真正直に評価額通りに対価を支払うとなれば田辺氏にとって不公平だからと、弘安社長から提案された結果だった。それでも田辺氏が銀行から受けた融資は、個人が突然に決断したにしては、かなりの額であった。

さらに弘安社長はこんな風にも考えていた。

田辺氏はもちろん合意の上で自社株買い取りに応じたのではあったが、結局のところ会社都合であり、より正確にはオーナー家の都合から生じた取引だった。

さらに、もし、弘安社長が息子の発病後に夢想したように、最初から実力者の副社長を次期社長として選んでいれば、無償で自社株の譲渡をしていたことも考えられたのだ。

いくつかの点で、田辺氏にとって理不尽な取引なのではないか——。

こうして、最終的に評価額の半額で決着をつけたのであった。

つまり、田辺氏の元妻が提示してきた希望価格は買い取り価格の二倍と、さらに、それになんらかの分を上乗せした金額だった。

そうなった経緯を、彼女は「主人と相談して」弁護士の意見を聞くことにしたからだ、と言った。のちにわかってきたところによると、価格交渉に関しては、特に彼女の新しい夫が強気な主張をしていたらしい。

その日、弘安社長は、何人かと話し合いたいから、といったん持ち帰ることにした。顧問税理士、顧問弁護士、そして私と相談するのだ。

私が伝え聞いた弁護士の意見はこうだった。

買い取るのであれば、田辺氏の自社株取得時の金額にいくらか上乗せすることに異議はない。なんといっても、彼は銀行から多額の借金をしている。利子分を足して返済するぐらいのものを渡すならば、道理にかなう。

ただし、倍以上となれば話は別だ。当然、弘安社長が個人で支払うことになるわけだが、法外に高額であると言える。もっと安くなるように価格交渉をすべきだ。

私もその意見に賛成した。

ところが、最終的には言い値によって買い取ることになった。

弘安社長夫妻の「想い」が、そうさせたのである。

春野フーズ専務・彩氏にとっても、副社長は長くともに歩んだ同志であり、会社がここまで大きくなれた上での第一の恩人でもある。それなのに、尽力に報いるどころか、自分たち家族の都合で翻弄したあげく、最後には多くを負わせたまま死なせてしまった。せめて、元妻にはできるだけのことをしておきたい。彼女が会社と縁を切りたがっているならば、退職金か、あるいは慰謝料的な意味合いだと考えてもいい……。

合理的な結論ではない。

しかし、社長夫妻の内心の、ドメスティックな問題となってしまった以上、他人にはどうしようもない。

以降、春野フーズの成長は鈍化していったように見える。

噂では、さすがの弘安社長の前向き上向きのパワーが輝きを失っているらしい。夫妻で認知症の息子を介護する毎日の影響が出ているのではないか、と勘ぐる向きもある。

＊＊＊

「株式会社春野フーズを売る」

弘安社長の表明を受けて、我々は社内でミーティングを持った。

古くからの話ゆえに、春日井はこの件に深く関わっていない。天白には私から説明した。すべてが終わった話である。我々の会社にとって、これからどうこうする部分はほとんどない。

ただ、割り切れない出来事の連続であったが、私の意見を整理だけはしておきたい。そして、反論を含めてでもいい、我々の中でできればそれを共有したかった。

起業のほとんどは成功しない。十年で九割が廃業するといわれる。春野フーズが二十年以上にわたって成長を続けたことは、稀有だ。弘安社長のビジネス感覚が突出していたから。だが不幸なアクシデントが何もかもを潰してしまった。

今回のケースで数人の所有者間を渡り歩いた自社株は、積極的な役割を果たしただろうか？

それは、であるとも、ないとも考えられるだろう。

弘安社長から息子へと少しずつ譲渡されたプロセスまでは通常の手続きだった。そして、若年性アルツハイマーの発病によって、承継という目的を失った。

次に、慰謝料の資金づくりに利用された。同時に、別の面もある。多額の借金の原因となったのである。後者は、大きな問題のタネとなった。

田辺副社長が保有していた期間には、本来の役割を取り戻していただろう。会社を承継するために必要な要素だった。

だが彼の死去で、今度は恩に報いるという「情」に関わる媒介として使われ、最後は、春野氏という創業者の手によって、会社の存在そのものとして他者に売られた。

春野フーズの自社株の動きが複雑になったことには、単純な理由がある。

すべては相続税に端を発しているのだ。

もし、自社株にまつわる相続税が発生しなければ、企業が承継される時になって初めて自社株も引き継がれることになり、このような「自社株の先渡し」によって起きてしまった、あれやこれやの不利益は引き起こされなかったはずだ。

私が話し切ると、春日井が言葉を漏らす。

「いつも思うんですけど。株、ですよね。ただの。ここまで面倒を起こさなくてもいいでしょ?」

その通りだ。しかし、だからこそ我々の交通整理の仕事は終わらない。

ケース❹に対するソリューション

本章のストーリーは大幅に脚色がなされていますので、まずは元になったケースを簡潔に説明しておきます。

ある非上場の中小企業が舞台となりました。幼い頃から株を贈与されていた後継者（息子）が三十一歳で亡くなります。彼には妻と二歳になる子供がいました。亡くなった時点で、すでに持ち株比率五十数パーセントにまで達していた贈与済みの自社株は〈妻が相続〉します。数年して彼女は再婚しました。そこで、株の処置が焦点となります。紆余曲折があり、結局は、経営者一家が買い戻す、という結論に落ち着きました。

さて、自社株を『生身の人間』で保有しつづける限り、どこまでいっても「相続に巻き込まれるリスク」が付きまといます。

本ケースにおいて、社長の相続人は配偶者と男子一人のみでした。そして、その彼は、二十歳過ぎた頃からすでに会社を継ぐ意思表示を明確にしてきました。

将来、社長夫人が長男に対して遺留分侵害額請求権を行使する可能性は皆無と考えられましたので（時に問題となることもあります）、長男に対して、毎年、コツコツと自社株を生前贈与で譲渡してきたわけです。

これはこれで賢明な対応だったでしょう。

ただ「最善の対応か」と言われれば、そうではなかったということになります。

ポイントは「長男の結婚と孫の誕生」でした。

民法上の規定を今回の家族構成にあてはめてみます。

もし長男が亡くなった場合、独身ならば両親がすべてを相続します。

結婚後であると、法定相続（分）は、配偶者（嫁）が三分の二、親（両親）が三分の一となります。

長男夫婦の間に子ども（孫）が誕生すると、相続の割合が変わります。

嫁が二分の一、長男の子どもが二分の一です。つまり、長男の法定相続人から両親は除外されてしまうのです。

では、長男が早くに亡くなった場合に、両親が自社株を相続するにはどうすれば良いのでしょうか。

まず考えられるのは、遺言です。

「自社株を父に遺贈する（相続させる）」とするのです。（遺留分の問題は残ります）

ただ、この長男は三十一歳でした。まさか、自分の親に相続をさせる遺言を作成するなど、通常は考えにくい。

父から発案するのはどうでしょう。

それも難しいのではないでしょうか。父親として、もっとも想定したくない事態ですから。若くして息子が死ぬのです。自社株については、せっかく十年以上もかけてコツコツ贈与してきたものがただ戻ってきます。正確には相続税がかかりますので、「ただ」戻るわけですらないのです。すべてが水の泡です。

そこで、「ケース❶」等で用いたスキーム、一般社団法人に自社株を保有させる方法を採るのが最良だったと考えられるのです。

ビジネス面での社長としての交代は別と考えます。

あくまで、オーナーとしての会社の承継の手続きですが、それは以下のように行われます。

まずは社長が一般社団法人の（代表）理事に就任します。この時、実質的には、現社長がオーナーである状態となんら違いはありません。そして、タイミングをみて（代表）理事職を後継者に交代します。

あるいは、信頼できる非同族（三親等〝外〟の者）の人がいれば、その人に理事に就任してもらう等、一般社団法人内の理事や社員の構成を計画的に変更する方法もあります。

紙面の都合上、これ以上詳しい言及は避けますが、本ケースに関しては、間違いなく、一般社団法人を活用することでリスクを回避できたはずなのです。

あとがき

創業から二百年以上続いている企業数は、日本がダントツでトップです。世界にはそのような長寿企業が現在約二千六十社ありますが、なんと、そのうちほぼ六十五パーセントにあたる千三百四十社ほどが日本の企業なのです(注)。

そしてそのほとんどが、先祖代々、脈々と一子・一家で自社株を承継(＝家族・親族内承継)することで事業を維持してきた、いわゆる同族オーナー企業なのです。

◉一子相伝
◉一家相伝
◉父子相伝

昨今では、さすがの日本企業の間でもこの形態が変革期を迎えています。

経営上の戦略を見据え、あるいは後継者不足により、第三者へ自社株を売却あるいは合併等して事業を承継するM&A(Mergers and Acquisition)が爆発的に流行り出したのです。それに伴って、M&A仲介業界は、以前のような大手のみではなく中堅・中小の企業が次々参入し、仲介手数料・情報等をめぐって争う過当競争時代に突入しています。

M&Aの組み合わせやパターンは様々に存在します。

「大手企業VS中小零細企業」

「中小企業VS中小・零細企業」

「上場VS非上場」

「海外VS国内」

等々です。

発展的・友好的、あるいは「三方良し」となるケースも、もちろんありますが、哀しいかな、これまで私自身が関与・見聞きしてきた「中小企業VS中小・零細企業」パターンにおける自社株売却型M&Aでは、〝その後〟存続・発展できた企業は多くありません。

そこには複合的な原因が存在しますが、多くは、本質的に合わない企業同士のマッチングから生じる問題である、と私は考えています。

つまり、地域に根ざし、○○家で代々受け継いできた事業は「○○さんだから」成り立っていたものです。しかし、買収・合併する相手の企業が、たとえ同業種であったとしても、単に「流行りに乗せられた」だけのM&Aだったらどうでしょう。

地域性もそれぞれの企業のビジネス特性も考慮することなく、ただ経営陣を入れ替えただけでは……うまくいくはずがないのです。

私どもの仕事は、日本の企業が世界に誇れる百年、二百年、三百年企業を創出するお手伝いです。

そのためにまず必要なのは、家族・親族内での事業承継であることは論をまたないでしょう。すでに二百年、我々はそうしてうまくやってきた実績があるのですから。

もちろん、M&Aという選択は、どんな場合でも消極的になると言っているわけではありません。必要に応じて正しい方法で行われれば、有効に働く企業存続、あるいは経営拡充のための手段となり得るでしょう。

M&Aを〝悪〟だと決めつけているわけではないのです。

ただし、慎重になるべきです。

その機会がやってきた時には、

「本当に息子にビジネスを任せられないのか？」

「本当にこの業界で女性（娘）は通用しないのか？」

「娘婿、孫や甥・姪等に可能性はないのか？」

「役員や社員の中に、優秀な適材はいないのか?」

今一度、真剣に問い直してみてはいかがでしょうか。

私はこれまで十五年間、様々な事業承継の現場に立ち会ってきました。その実績・経験をもとに、各企業の皆さまが社業に邁進できる環境づくりをお手伝いできるよう、日々研鑽を積んでいます。

信頼する最高のパートナーと共に、全国各地の皆さまの大切な会社・事業が、相続、お家騒動等のトラブル、不幸に巻き込まれて経営が立ち行かなくなることなく、未来永劫スムーズにビジネスの承継ができるよう、共に悩み・考え、全身全霊でサポートしていく決意を、日本のビジネスが激動期を迎えたこの時代にあって、改めて噛み締めております。

一般社団法人自社株マネジメント

代表理事　和出吉央

(注) 日経BPコンサルティング・周年事業ラボ2020年3月公表の情報に基づく。創業100年以上続いている企業は、世界で八万八十八社。うち四三・一パーセントにあたる三万三千七十六社が日本企業。

敬天舎の既刊本

KASSORO
PRESENTS
折れない翼の
そだて方
新・飛ぶチカラ

古井田宏輝
杉本悠翔

今日までは、特別じゃなかった君へ。

伝説の政治家、名言漫画、偉大だけどひねくれた科学者まで、若き心に響くヒーローを探す読書体験。〈異色調べ物小説〉。ポジティブ自分教育のススメ！

ISBN978-4-8014-9155-7 C0030　定価（本体1200円＋税）